Rainer Barzel · Von Bonn nach Berlin

Rainer Barzel

Von Bonn nach Berlin

Deutschland verändert sich

Rainer Barzel
14.10.97

1997

BOUVIER VERLAG · BONN

Die Deutsche Bibliothek - CIP-Einheitsaufnahme

Barzel, Rainer:
Von Bonn nach Berlin : Deutschland verändert sich / Rainer Barzel. - Bonn : Bouvier, 1997
ISBN 3-416-02680-2

 Umschlaggestaltung: Michael Fischer, Köln. Satz: BonMedia, Bonn. Druck und Einband: Druckerei Plump KG, Rheinbreitbach

Inhalt

Vorwort

Der Weg von Bonn nach Berlin beginnt nicht mit der Entscheidung vom 20. Juni 1991 über die deutsche Hauptstadt. So wichtig dieser Beschluß des Deutschen Bundestages war und ist, er ist nicht das Ganze.

Das Ganze ist dies: Wird auf die Bundesrepublik Deutschland aus Bonn eine „Berliner Republik“ folgen, die Deutschland ein anderes Gesicht, auch einen anderen Inhalt, gibt? Sind wir auf dem Wege zu einer anderen Republik?

Um von vorneherein kein Mißverständnis aufkommen zu lassen, betone ich, daß Deutschland sich auch, aber nicht nur, durch die Wiedervereinigung verändert; daß die Gefahr besteht, daß wir das wieder verlieren, was wir in Bonn durch Bescheidenheit und politisch-geistige Grundentscheidungen gewonnen haben, weil es aus Berlin zu oft pausbäckig, lautstark und inhaltlich anders klingt. Erinnerungen stellen sich ein.

Dieser Gefahr müssen, können und wollen wir nicht erliegen. Ich meine, daß wir die Chance haben und nutzen sollten, auch *in Berlin das Deutschland mit menschlichem Antlitz zu gestalten.* Ein Deutschland, das sich in Wort und Tat mitverantwortlich weiß, die europäischen Werte der Rechtsstaatlichkeit zu wahren – also die Freiheit und Würde eines jeden –, die Achtung der Menschenrechte und der Demokratie.

Dazu gehört auch, daß wir anstreben, das modernste, sauberste und umweltfreundlichste Industrieland der Welt zu werden.

Den Geist der Gründerväter der Bundesrepublik Deutschland dürfen wir dabei getrost zu Rate ziehen. Er ruft auch nach neuen Antworten. Denn: Deutschland verändert sich.

Groß geworden sind wir durch Bescheidenheit und gute Nachbarschaft. Werden wir nun klein, weil Hemdsärmeligkeit um sich greift? Weil Ansätze von Maßlosigkeit nicht zu übersehen sind? Kehrt die alte Großspurigkeit wieder?

Wer mit Nachbarn offen spricht, wird erfahren müssen, daß diese kritischen Fragen gestellt werden; daß frühere Vorbehalte gegen uns Deutsche sich wieder melden.

Während der Olympiade in Atlanta im Sommer 1996 gab es zunächst mehr Enttäuschungen als Siege für uns Deutsche zu verzeichnen. Die Medien meldeten mit offenkundiger Bestürzung diese Tatsache. Ich ging in Godesberg zu meinem Italiener. Er strahlte: Italien hatte gerade eine Medaille gewonnen und dabei Deutschland in den Schatten gestellt. „Immer wollen die Deutschen die ersten sein – beim Geld, bei der Politik, beim Sport – überall. Deshalb müssen sie auch mehr zahlen!" So empörte er sich.

Kurz darauf tönte der deutsche Fernseh-Sportmoderator so aus Atlanta: „Die Mauer der Schande ist überwunden!" (ARD, 25. Juli 1996, Waldemar Hartmann) Deutschland hatte – endlich! – die lange und laut angemahnte Goldmedaille gewonnen.

„Dabeisein ist alles!" So wurden wir zunächst belehrt. Bald hieß es, obwohl wir doch dabei waren: „Wo bleiben die Medaillen?!" Und das klang so, als hätten wir da Ansprüche zu stellen.

Die deutsche Demokratie aus Bonn gelang. Der vorherige Versuch aus Berlin (1919–1933) scheiterte. Wird es nun gut gehen?

Da ich vieles von dem verantworte, was unsere Bundesrepublik Deutschland ausmacht, zudem mein politisches Lebensziel in der Selbstbestimmung Deutschlands sah, vieles dafür laut und leise tat, darf und muß ich diese Frage stellen.

Hier meine Antwort:

Die Wirklichkeit der Bundesrepublik Deutschland überraschte die Welt. Der Nachfolger des Deutschen Reiches, also auch Nazi-Deutschlands, war so ganz anders als bisher aus Deutschland gewohnt.

Schrille Töne waren nicht mehr zu hören, Paraden nicht zu sehen und Marschmusik kaum zu vernehmen. Niemand schlug mehr die Hacken zusammen – und Monokel gab es nur noch beim Antiquitätenhändler. Da arbeitete ein Volk fleißig und mit Erfolg – leise. Was man aus Bonn erfuhr, klang maßvoll, gut-nachbarlich und bescheiden.

Der neue Staat verzichtete auf die Herstellung von atomaren, biologischen und chemischen Waffen; erklärte die Normen der Vereinten Nationen als für sich verbindlich, obwohl er dort kein Mitglied war. Er regte sich nicht auf über die Diskriminierung durch die „Feindstaatenklausel“ des Artikels 53 der UNO-Satzung. Er nahm das hin im Vertrauen darauf, selbst niemandes Feind zu sein oder zu werden.

Diese Bundesrepublik Deutschland zahlte die deutschen Schulden, bemühte sich um Wiedergutmachung, ordnete ihr Militär und ihre Wirtschaft in die westliche Gemeinschaft ein. Ihr Wort galt. Sie war ein verläßlicher Nachbar und Partner. Auf diese Realität gründet sich die europäische Ordnung Europas nach dem Zweiten Weltkrieg. Ohne dieses Deutschland gäbe es weder die Europäische Gemeinschaft noch die magnetische Anziehungskraft und die Wirksamkeit des Nord-Atlantischen

Bündnisses noch die Chance zur Wiedervereinigung Europas.

Die junge deutsche Demokratie erwies sich als stabil. Regierungen kamen und gingen. Radikale Parteien oder marktschreierische Politik hatten keine Chance. Die Institutionen blieben und bewährten sich ebenso wie die föderative Ordnung.

Eine Gesellschaft bildete sich heraus, in der Frauen ihre Rolle suchen und finden, in der „Arbeiterkinder" studieren und Partnerschaft den Klassenkampf überwunden hat, in der Konfessionalismus verpönt ist. Eine neue Verfassung bewährte sich und ordnete den Rechtsstaat. Sie wurde und wird von vielen in der Welt als bedenkenswert angesehen und als beispielhaft studiert.

Das erneuerte Deutschland fand Vertrauen und gewann Freunde. Das demokratische Deutschland hat allzeit mit allen Nachbarn in Frieden gelebt. Diese deutsche Demokratie ist das größte Friedenswerk unserer Geschichte. Sie war die Voraussetzung für die deutsche Wiedervereinigung.

*

„Die Bundesrepublik ist nicht ehemalig. Sie ist und war weder ‚Trittbrettfahrer' (Roman Herzog), noch saß sie ‚auf der Zuschauertribüne' (Klaus Kinkel)." So erhebt Helmut Herles mahnend den Finger.* Ihre Politik wirkte mit am europäischen Frieden.

Was da aus Deutschland aufbrach und in Deutschland wirksam wurde, das war mehr als der Geist des *Anti* – anti Wilhelminismus, anti Nationalsozialismus, anti Nationa-

* „Sprachsignale", Bonn, 1996, S. 10.

lismus, gegen Militarismus, gegen Zentralismus. Es war der Geist des *Pro* – pro Demokratie, für Menschenwürde, für Freiheit, für soziale Gerechtigkeit für Europa, für Nachbarlichkeit, auch: für Bescheidenheit.

Man hat diesen Geist, der in Bonn bestimmend wurde, der auch Charles de Gaulle leitete, verspottet als „abendländisch", „linksrheinisch", „westlich", „katholisch". Was dieser Geist bewirkte, was er in Deutschland und für Deutschland schuf, ist allen gut bekommen. Auch den Spöttern, auch den Uneinsichtigen. Ohne diesen Geist gäbe es nicht *diese* Bundesrepublik Deutschland, nicht die deutsch-französische Freundschaft. Beides ist die Basis der Europäischen Friedensordnung nach dem Zweiten Weltkrieg.

Und es ist einfach wahr, daß dieser Geist keineswegs nur „katholisch" ist. Martin Luther lebte aus diesem Geist.

Es wird berichtet: Ein Abgesandter des Kardinals Cajetan habe Luther am Vorabend seines Verhörs zu Augsburg am 9. Oktober 1518 aufgesucht und ihm geraten, seine Ansichten doch zu widerrufen. Als Luther das von sich gewiesen habe, sei er gefragt worden, ob er, Luther, wohl glaube, daß der Kurfürst von Sachsen um seinetwillen zu den Waffen rufen werde. „Keineswegs", habe Luther geantwortet. Darauf soll der Abgesandte des Kardinals – in der Gewißheit, daß Luther für den Fall seines Nicht-Widerrufes der Bannfluch drohte, der ihn „vogelfrei" machen würde – nachgefragt haben: „Wo wollt Ihr denn dann bleiben?" Luther habe erwidert: „Unter dem Himmel."

Wer so spricht und handelt, ist kein Politiker, kein Nationalist, kein Revolutionär, kein Veränderer der Welt durch Macht und Gewalt. Der so sprach, war ein Mann

Gottes, des Evangeliums, der Erneuerung der Kirche. Der setzte auf Geist, nicht auf Macht.

Auch an diese Worte Luthers sei erinnert: „Also ein Christenmensch, der in dieser Zuversicht gegen Gott lebt, ... tut alles fröhlich und frei, ... weil es ihm eine Lust ist, Gott also wohl zu gefallen, und lauterlich umsonst Gott dienet, sich damit begnügend, daß es Gott gefalle ... Gott helfe uns, daß wir nicht unsere, sondern allein seine Ehre suchen."

Ich glaube nicht, daß Martin Luther mit Wohlwollen auf die neue Verfassung Berlins gesehen und die brandenburgische Staatsreligion LER hingenommen hätte. Auf beides komme ich ausführlich zurück.

Johannes Gross* sieht in den Parteien (Gründungsparteien), den Kirchen und den Gewerkschaften die „Garantiemächte" des neuen Staates Bundesrepublik Deutschland, ihre „Paten".

Gewiß wirkten sie. Es wirkte mehr.

Johannes Gross hat zu wenig begriffen. Die Politik aus diesem Geist – mit Sozialer Marktwirtschaft, sozialer Partnerschaft und europäischer Einordnung war so erfolgreich, daß die SPD vom Sozialismus ließ und sich auf den Boden dieser Außen- und Sicherheitspolitik begab.

Aber hinter alledem stand mehr, etwas Geistiges, und eine geschichtliche Erfahrung, nämlich die Universalität des christlichen Glaubens. In Konrad Adenauer wird das alles greifbar. Er hinterließ dieses Bekenntnis – und ließ wissen, daß er das testamentarisch meinte:

Jedes menschliche Zusammenleben setzt besondere Normen voraus. Der Kommunismus geht davon aus,

* „Die Berliner Republik", Stuttgart 1995.

daß der Staat und seine Organe alle Gewalt haben, daß der einzelne Mensch gegenüber dem Staat keine Macht besitzt. Wie der kommunistische Staat kein vom Staat unabhängiges Recht seiner Untertanen anerkennt, so erkennt er auch nicht die Rechte anderer Völker an.

Unsere, die christliche Weltanschauung, auf der unsere Partei beruht, ist anders. Sie geht davon aus, daß jeder einzelne Mensch von Gott stammende, im Naturrecht begründete Rechte gegenüber jedem, auch gegenüber seinem Staat und seinem Volk, hat. Wir sind des Glaubens, daß die Würde und die Freiheit des einzelnen Menschen geachtet werden müssen und von niemandem verletzt werden dürfen. Nach unserer Überzeugung dürfen auch Freiheit und Würde eines Volkes durch kein anderes Volk angetastet werden. Daraus leiten wir unabdingbare Rechte der Selbstbestimmung für jedes Volk ab.

Die Zerstückelung Deutschlands ist ein Verstoß gegen dieses Recht des deutschen Volkes. Das Recht auf Wiedervereinigung in Frieden und Freiheit kann ihm von niemandem in der Welt genommen werden.

Diese Weltanschauung über Freiheit und Würde des Menschen hat sich im Laufe der Jahrhunderte auf christlichem Boden entwickelt; sie ist gemeinsames Gut der beiden großen christlichen Konfessionen. Unsere Partei – ich wiederhole es – steht fest und unverbrüchlich auf dem Boden dieser, der christlichen Weltanschauung, daß es für den Menschen Normen gibt, die aus dem Wesen und Sein Gottes selber fließen und daher unverbrüchlich sind und nicht angetastet werden dürfen.

Wenn man das Bestehen solcher Normen nicht aner-

kennt, dann gleitet ein Volk abwärts in Diktatur und in Gewalt. In einer Zeit wie der unsrigen, die Veränderungen und Entwicklungen jeder Art, zum Guten und zum Schlechten, in rasendem Tempo bringt, braucht jeder einzelne feste, unabdingbare Normen für sein Leben, damit er Herr seiner selbst bleibt und nicht abgleitet.

*

Der israelische Ministerpräsident Schamir erklärte: Die Deutsche Wiedervereinigung sei zu begrüßen, „wenn die Zukunft Deutschlands von der Demokratie der Bundesrepublik geprägt werde". So denken viele in der Welt. („Frankfurter Allgemeine Zeitung", 9. Oktober 1996)

I

Konturen einer anderen Republik

Deutsche Politik wurde in den letzten fünfzig Jahren von der Mitte her gestaltet – ob nun die Koalitionsregierungen so oder so gebildet waren (Union plus Liberale oder Sozialdemokratie plus Liberale). Nun erscheinen am Horizont – erschreckend für mich – ganz andere Bündnisse: SPD plus „GRÜNE“ plus PDS oder CDU/CSU plus FDP (plus Republikaner?).

Das hieße: Verlust der Mitte, Gestaltung von den Flügeln her, Rechts gegen Links, Polarisierung, Rückkehr zu „Weimar“, prinzipielle Kontroverse statt prinzipieller Konsens.

Fritz René Allemann hatte recht mit seinem Buch „Bonn ist nicht Weimar“.* Viele übersahen aber seine Sorge, daß der kritische Punkt für Deutschland mit seiner Wiedervereinigung kommen werde. Hat er auch darin recht? Er schrieb:

> *Aber so leuchtkräftig sich vor einem solchen geschichtlichen Hintergrund das politische Bild der Bundesrepublik abhebt, so kräftig ist der Schatten, der von der ungelösten Frage der Wiedervereinigung her auf dieses Bild fällt ... Noch ist das allerdings eine Sorge der Zukunft: Ein Fragezeichen, das daran erinnert, wie wenig endgültig alles ist, was der Bonner Staat bisher erreicht und geschaffen hat. Die Bedeutung des Erreichten und Geschaffenen wird dadurch nicht verringert. Bonn ist nicht Weimar; die Bundesrepublik hat die Chance des neuen Anfangs, die ihr gegeben war, trotz mancher Schwächen bisher eindrucksvoll zu nüt-*

* Köln 1956.

zen vermocht; sie ist mit Schwierigkeiten fertig geworden, an denen der erste demokratische Staat der Deutschen zerschellte. Aber der Größe ihrer Leistung entspricht die Größe der Gefahr, die sich vor ihr auftut – einer anderen, einer neuen Gefahr, mit der sich Weimar nicht auseinanderzusetzen hatte, und an deren Bewältigung allein Bonn sich schließlich zu bewähren haben wird.

Dem Ausblick in die Zukunft, wenn er denn zutreffend geraten soll, muß der Rückblick vorausgehen – vor allem auf Tatsachen und Tendenzen, die fortwirken. Es hat keinen Zweck, mit verklärten Augen zu verschweigen, was uns gestern beschwerte und wirksam geblieben ist.

Die Einbindung der Bundesrepublik Deutschland in den Westen war umstritten. Die Redeschlachten im Parlament sind in den Protokollen des Deutschen Bundestages lebendig.

Umstritten war es, die Bundeswehr zu schaffen, umstritten auch unsere Mitgliedschaft in der Europäischen Gemeinschaft und der NATO. Viele glaubten, die West-Orientierung würde die deutsche Einheit verhindern.

Der Glaube an die deutsche Selbstbestimmung schwand dahin. Nur ein kleines Fähnlein Unverdrossener glaubte noch an ein vereintes Deutschland; suchte, darauf hinzuwirken. Ja, nicht wenige dachten und verkündeten: Deutschland, das Auschwitz verantworte, dürfe nie wieder vereint werden. Sie waren bereit, für diese „Moral“ mit der fortdauernden Vergewaltigung der Menschen in der DDR zu bezahlen.

Das alles ist nicht so lange her, daß es schon aus dem Bewußtsein verschwunden sein könnte. Und auch das hat doch – historisch gesehen – soeben erst stattgefunden:

SPD und SED berieten lange über ein gemeinsames „Strategie-Papier". Es trägt den 2. September 1987 als Datum. Darin heißt es: „Beide Seiten müssen sich auf einen langen Zeitraum einrichten, währenddessen sie nebeneinander bestehen und auskommen müssen. Keine Seite darf der anderen die Existenzberechtigung absprechen."

Stünde es da nicht so schwarz auf weiß zu lesen, man würde es nicht glauben: Die alte, demokratische SPD anerkannte die Existenzberechtigung einer kommunistischen Diktatur auf deutschem Boden!

Wer die aktuellen Flirts zwischen PDS und SPD mitanzusehen gezwungen ist, muß diesen schlimmen Vorgang gut im Gedächtnis behalten.

Manche in der SPD wollen weg vom Godesberger Programm. 68er und Grüne haben die SPD gebeutelt. Die SPD, mit der ich 1968 eine große Koalition bildete, ist weithin nicht mehr erkennbar. Freilich: Auch die CDU, der ich früher vorsaß, bietet nun ein anderes Bild.

*

Viele wollten und wollen anstelle unseres Grundgesetzes eine andere Verfassung, also eine andere Republik.

Die SPD schlug in der Verfassungskommission von Bundestag und Bundesrat vor, diese Themen neu – als „Staatsziele" – ins Grundgesetz aufzunehmen: Umweltschutz, Voll-Beschäftigung, Wohnung, Bürgerbeteiligung, Gleichstellung (nicht nur Gleichberechtigung) der Frauen, Bildung, Tierschutz, Minderheitenschutz, soziale Sicherheit. Es gelte, „zu beschreiben, was die Tätigkeit des Staates im *Grundsatz* (!) zu sein hat, also über das *Formale* (!) hinaus, über die Erhaltung der Freiheit hinaus, über die Erhaltung von Recht und Ordnung hinaus zu beschreiben, welche *elementaren Ziele* staatliche Tätigkeit zu verfolgen hat." (Schmude, 14. Mai 1992). Große Worte!

Die PDS stellte im Bundestag (Bundestags-Drucksache Nr. 12/6570 vom 12. Januar 1994) den Antrag, ein neues Grundgesetz zu beschließen. Da wird gefordert, was sich in der DDR als unsinnig erwiesen hat: An die Stelle des Grundgesetzes soll eine andere Verfassung treten: „ein demokratisches, antifaschistisches, friedliches und sozial gerechtes Gemeinwesen", das „die repräsentative Demokratie mit der unmittelbaren Demokratie" verbindet. Ziel des Staates „ist die Abschaffung der Streitkräfte" und die Überführung „der Rüstungsindustrie in Staatseigentum". – „Das gesamte Schulwesen steht unter Aufsicht des Staates." – „Der Staat ist verpflichtet, mittels eigener Wirtschaftstätigkeit und Regulierung der privaten Wirtschaft die Erreichung von Vollbeschäftigung, ökologischer Verträglichkeit der Produktion, Währungsstabilität und ausgeglichene Außenwirtschaftsbeziehungen zu fördern." – „Die Pressefreiheit und die Freiheit der Berichterstattung durch Rundfunk, Fernsehen und Film werden gewährleistet. Das Gesetz hat durch Verfahrensregelungen sicherzustellen, daß die Vielfalt der in der Gesellschaft vorhandenen Meinungen in Presse, Fernsehen und Rundfunk zum Ausdruck kommen."

Hier zeigen sich die Konturen der „anderen Republik"!

Väter des Sieges

Berlin wurde Hauptstadt, weil Deutschland sich wiedervereinigen konnte und durfte. Beides hängt unauflöslich mit dem Zusammenbruch des Kommunismus zusammen.

Jeder Sieg, auch der über den Kommunismus, hat viele Väter. Die den Ruhm für sich beanspruchen, stehen in großer Zahl Schlange, erheben Anspruch auf Lob, auf Anerkennung, Würdigung. Einen jedoch klammern sie alle aus: Ronald Reagan, Präsident der USA.

Mit seiner Aufrüstung zwang er den Kommunismus in die Knie. Er kam nach Berlin an das zugemauerte Brandenburger Tor und forderte unmißverständlich: „Herr Gorbatschow, machen Sie dieses Tor auf!" Das sei das wirksame Zeichen und der glaubhafte Beweis einer neuen Welt der Entspannung.

Reagan hätte diesen Appell auch von anderen Plätzen der Welt aus an die Russen richten können. Er tat es in Berlin, machte so Deutschland zum Testfall der Entspannung.

*

Auch die deutsche Politik darf sich getrost zu den Siegern zählen:

Der Ruf nach Sozialer Marktwirtschaft geht nun um die Welt. Das föderative Prinzip wird als wirksames Strukturelement moderner Staaten wie für deren Zusammenarbeit anerkannt, auch angewandt. Mit dem Kommunismus zerbrach vielerorts der Zentralismus. Die Modernität – Soziale Marktwirtschaft plus bundesstaatliche

Ordnung – gewann auch aus den Trümmern des Kommunismus in Moskau Gestalt – durch Erkenntnis und freie Entscheidung; von drinnen.

Wenn das alles sich so verhält, wenn sich so neue Horizonte für Frieden und Wohlfahrt öffnen, dann können – nächst den USA – die deutschen Demokraten, die Deutschland erneuerten, die Adenauer und Erhard folgten und trugen, mit Befriedigung auf einen guten Weg und auf eine politische Arbeit zurücksehen, die Erfolg brachte, Gehör fand und Wirkung zeigte.

Gewiß, am deutschen Wesen wird die Welt nicht genesen, ist sie auch nicht genesen. Ebenso gewiß ist: In der jüngsten Geschichte haben wir eine positive Rolle gespielt und so auch historisch manches „wiedergutgemacht". Das darf man sagen, muß jedoch diese Einschätzung begründen.

Es gab ja nicht nur militärischen Widerstand gegen Hitler in Deutschland. Andere arbeiteten – auch politisch und literarisch – mit den Waffen des Geistes und entwarfen aus Einsicht und böser Erfahrung das Bild eines neuen, besseren Deutschland; bereiteten Gedanken, Konzepte, Antworten für diese Zukunft vor. Hierüber ist zu wenig, viel zu wenig bekannt und publiziert worden. Was Deutschland heute politisch, sozial und gesellschaftlich ausmacht, haben u. a. Erhard, Welty, Siemer, Nell-Breuning, Lilje, H. J. Schmidt, Schmittmann, Süsterhenn, Spiecker, Karl Arnold, Jakob Kaiser – auch Hans Böckler – weitgehend vorausgedacht. Als wir aus dem Kriege heimkehrten, fanden wir vor, was sie bereithielten!

Um nur einen von ihnen, Benedikt Schmittmann, herauszunehmen: Da die Nazis ihn umbrachten, habe ich ihn nicht mehr persönlich kennenlernen können, als ich

1945 in seinem Kreis verkehren durfte. Seine Witwe kümmerte sich um junge Studenten, um Emigranten und Freunde der Person wie des Werkes ihres Mannes. Sie selbst kannte Konrad Adenauer und pflegte diese Beziehung.

Schmittmann hatte eine Theorie und Praxis des Föderalismus entwickelt, den er christlich begründete. Er wollte ein föderalistisch geordnetes Deutschland und Europa. Die Wirtschaft sollte sich – fern von zentralistischen Befehlen des Staates – selbst „verwalten". Denn Zentralismus sei „der Triumph der Regierenden über die Regierten". Er hatte die Vision der Einigung Europas als „Vorstufe zur Völkergemeinschaft" und sah als Voraussetzung dafür und als Bedingung für das „Gleichgewicht Europas" ein föderalistisch geordnetes Deutschland. Den Nazis war Schmittmann verhaßt. Sie ermordeten ihn bereits im September 1939 im Konzentrationslager Oranienburg. Warum ist er weitgehend vergessen? Die Stunde des europäischen Friedensschlusses, der auch durch das erneuerte Deutschland bewirkt wurde, fordert, seiner zu gedenken.

*

Leider „verdankt" die Welt Deutschland auch Hitler und Marx und Lenin. Nichts ist zu beschönigen an ihren Werken der Gewalt, an ihrer Zerstörung Deutschlands und Europas, daran, daß sie unsere wesentlichen Werte zerrüttet haben – ein Tatbestand, der noch nicht überwunden ist.

Zugleich gebietet das Bemühen um ein ausgewogenes Urteil, festzuhalten und anzuerkennen, daß Deutschland dazu beitrug, den Ost-West-Konflikt zu überwinden, indem es seine Einheit als Baustein für eine europäische Friedensordnung suchte, wollte und nun gestaltet. Ist es vermessen, diesen Beitrag als wesentlich zu bezeichnen?

Niemand sollte im Ernst dem Irrtum aufsitzen, das Ende des europäischen Ost-West-Konflikts und mit diesem das historische Abwenden der doch zeitweilig aktuellen Gefahr des Dritten Weltkriegs sei ohne deutsches Dazutun erfolgt. Gewiß gebühren den USA unter Reagan und der NATO hierfür herausragende Verdienste. Zugleich: Ohne die deutsche „Nachrüstung" – gegen erbittertsten Widerstand im Parlament, in den Kirchen, in der Öffentlichkeit und der Publizistik, durch Helmut Schmidt und Helmut Kohl buchstäblich dem Volke abgetrotzt – sähe die Welt anders aus, erlebte sie nicht diesen *Frühling der Freiheit zum Frieden.*

Nie hätten die Verantwortlichen in Moskau, in London, Paris und Rom, nie hätten unsere Nachbarn, nie die Welt der Selbstbestimmung Deutschlands zur Einheit zugestimmt, wenn nicht dieses Deutschland verläßlich ein neues Gesicht gezeigt, eine neue Wirklichkeit gelebt hätte – erkennbar, überprüfbar, erfahrbar. Jahrzehntelang!

Wer hätte der deutschen Einheit zugestimmt, wenn nicht die Bundesrepublik Deutschland als geachteter, in die Europäische Gemeinschaft wie in das Atlantische Bündnis eingeordneter, friedlicher und friedfertiger Nachbar angesehen und anerkannt worden wäre? Niemand! Diese außenpolitisch beständige und verläßliche, berechenbare Grundentscheidung der Bundesrepublik Deutschland – vorausgedacht und gewollt für das erstrebte ganze Deutschland – war eine Grundbedingung für die eingetretene Entwicklung.

Und doch hätte diese außenpolitische Festlegung wenig oder nichts bewirkt, wenn sie nicht Hand in Hand gegangen wäre mit der Entwicklung einer Gesellschaft im freien Deutschland, die rechtsstaatlich, sozial und föderativ war. Ohne diese Innen- und Gesellschaftspolitik mit ihrer Überlegenheit auch über den in der DDR Gestalt suchenden deutschen Kommunismus wäre weder die deutsche noch die europäische Selbstbestimmung erfolgt, hätte der „real existierende Sozialismus" nicht überwunden werden können. Polen, die Tschechoslowakei und Ungarn, auch die Sowjetunion – selbst wenn sie auch anders wieder zu „Mütterchen Rußland" geworden wäre – hätten wohl sonst nie dem europäischen Friedensschluß durch die deutsche Einheit zugestimmt! Ebensowenig wie Frankreich, Großbritannien, Italien, die Benelux-Staaten und Skandinavien.

*

Es war nicht deutsche Selbstüberschätzung, in der deutschen Frage den Schlüssel des Ost-West-Konfliktes, des Friedens in Europa sowie zur Zukunft des Kommunismus zu erkennen. Es war nur folgerichtig, die deutsche Politik nicht in der Bewahrung der nach Hitler im Westen gewonnenen Freiheit zu erschöpfen, sie nicht im Nein zum Kommunismus einzubunkern, sondern das Ja der Freiheit und der sozialen Gerechtigkeit auszuspielen, um so Überlegenheit zu gewinnen und die Hand zur Zusammenarbeit auszustrecken. Von dem, was Deutschland denkt und tut, müsse eine positive Kraft der Werbung ausgehen, so mahnte Bischof Lilje.

Gute deutsche Patrioten, beste demokratische Köpfe unter ihnen, haben nach dem Zweiten Weltkrieg Jahrzehnt um Jahrzehnt zäh das Recht auch des geschlagenen deutschen Volkes auf Selbstbestimmung und Einheit vertreten. Sie waren nicht bereit, siebzehn Millionen Deutsche als „historische Wiedergutmachung“ die Zeche für Hitler mit bleibender, als legitim anerkannter Drangsal bezahlen zu lassen – und dem Atavismus, die DDR sei sowjetische „Kriegsbeute“, zu huldigen. Die deutsche Einheit „herbeizuführen“, so entschieden sie sich, sei Pflicht der deutschen Politik.

Die amtliche Bonner Politik jedoch begnügte sich – sofern sie nicht der Zweistaatlichkeit Deutschlands das Wort redete und die deutsche Wiedervereinigung als „Lebenslüge“ abtat – mit tastendem Verweilen: Die deutsche Frage stehe nicht auf der Tagesordnung der Geschichte, meinten diese Politiker. Nur wenige antworteten kritisch: Wer anders als die Deutschen könnte unsere Frage wohl „auf die Tagesordnung setzen“?

Die unentwegten Mahner in der deutschen Sache wurden gescholten, verhöhnt, als „rechts“ und als „Nationalisten“ beschimpft. Sie ließen sich nicht beirren. Ihre Antwort blieb: Indem wir die Freiheit für die Deutschen einfordern, können auch die Menschen in Prag wie in Warschau wie in Budapest hoffen; auch die in Moskau. Der Kampf für die „offene“ deutsche Frage sowie das Ringen um eine Lösung war immer ein Kampf für die Freiheit überall in Europa.

Dieses Beharren wurde im Westen von wenigen verstanden. Einige nahmen uns ab, daß diese Haltung *unser* Beitrag zur „historischen Wiedergutmachung“ an Europa war. Den Kämpfenden in Polen, in der Tschechoslowakei, in Ungarn, im Baltikum, in der DDR, auch in der Sowjetunion, gab das Hoffnung und Kraft. Daß viele von diesen tapferen Europäern sich dankbar dieser Haltung aus dem erneuerten Deutschland erinnern, erfüllt uns mit Freude und verpflichtet uns für die gemeinsame Zukunft.

*

Manche sahen das anders. Sie sagten „Selbstbestimmung", meinten aber die erkennbar instabile Ordnung des „Status quo", an dem keinesfalls gerüttelt werden dürfe. Diese sind nun teils verwirrt, teils verschreckt, sehen sich von „*den* Deutschen" (wieder einmal) „überrumpelt". Dabei war seit langem erkennbar, daß der Kommunismus – eine „unbewiesene Annahme" (Aron) – die Koexistenz nicht aushalten, durch mangelhafte Produktivität, fehlende Freiheit und falsche Politik bald vor der Kosten-Nutzen-Rechnung in einem Dilemma stehen würde – mit der Frage nämlich, ob der UdSSR ihre „Kriegsbeute" in Ost- und Mitteleuropa nicht eher schade als nütze.

Nicht „Wir sind wieder wer" sollte unsere, der Deutschen, Parole sein. Vielmehr: *Wir sind da, wo wir hingehören* – im Kreis der Demokratien, als Mitglied in Bündnis und Gemeinschaft. Wir wollen bedeutsam sein durch Werke des Friedens, als gute Nachbarn in Europa und Partner für alle in der Welt, die noch Hunger leiden, die in Not leben, die unterdrückt werden, die in Unwissenheit verharren müssen.

Hauptstadt Berlin

„Wir werden versuchen müssen“, betonte Carlo Schmid bei der Beratung des Grundgesetzes, „durch unser Verhalten unseren Nachbarn zu beweisen, daß die Einheit Deutschlands keine Gefahr für sie darstellen würde, sondern ihnen zum Vorteil gereichen könnte.“

Carlo Schmid gelang es in den Gründerjahren der Bundesrepublik Deutschland immer wieder, mit der Kraft und Präzision seiner Sprache auszudrücken, was die meisten empfanden. Gerade im Parlamentarischen Rat, in dem er dem Hauptausschuß vorsaß, hat er das immer wieder bei der Beratung unseres Grundgesetzes bewiesen.

Dem zitierten Satz konnten da in Bonn alle zustimmen, von Theodor Heuss über Konrad Adenauer bis zu Kurt Schumacher. Und die Deutschen fühlten sich nach Hitler und Diktatur und Krieg richtig verstanden und geführt.

Konrad Adenauer machte aus diesem Programm-Satz als Bundeskanzler sogleich konkrete Politik. Eine Politik des Maßes, der Bescheidung und der Bescheidenheit. Auch der Gewaltverzicht gehörte zu deren wesentlichen Elementen. Wir betrachteten das nicht als „West-Bindung“, sondern als Selbstachtung des nun demokratischen Deutschland, das – selbstverständlich – in das Boot wollte, in welchem die anderen Demokratien saßen.

Nachbarn rieben sich – ob dieser neuen, aus Deutschland nicht gewohnten Töne und Inhalte – die Augen. Die Welt merkte auf: Bescheidung und Bescheidenheit aus Deutschland?

Besucher berichteten, daß sie weder Nationalismus

noch Militarismus angetroffen hätten; daß der deutsche Föderalismus – von manchem Sieger gedacht als Element der Schwächung der deutschen Zentralgewalt – das Gegenteil bewirkte: Indem die Bayern und die Holsteiner ihren Staat und ihre Schulbücher hätten, lebten sie gerne im gemeinsamen Bundesstaat.

Deutschland erneuerte sich. Unsere Demokratie und unsere Soziale Marktwirtschaft wurden zu Markenzeichen. Der Wiedervereinigung des so veränderten Deutschland stellten sich Nachbarn und Großmächte nicht feindselig entgegen. Die sie nicht wollten, nahmen sie gleichwohl hin. So die Haltung der Welt.

Nun geht es nach Berlin. Von dort ist anderes zu hören, als wir und alle Welt es aus Bonn zu hören gewohnt waren.

*

Inzwischen fragen viele in der Welt, nachdem braune Fratzen, rote Fahnen, brennende Synagogen und Gewalt unser neugewonnenes Bild zu verstellen beginnen, unser Ansehen beschmutzen und herabsetzen: Was wird aus Deutschland? Gerade die fragen so, die es gut mit uns meinen.

Sie fragen auch: Wie kam es damals zur deutschen Katastrophe und zum Scheitern von Weimar? Gibt es da Erscheinungen, die sich nun wiederholen? Wer es gut meint, sollte die Fragen ehrlich aufnehmen, sie nicht beleidigt vom Tisch wischen.

Ich erinnere mich an die Debatten der Gründerjahre nach dem Zweiten Weltkrieg zur Frage „Warum scheiterte Weimar?“:

Den einen bewegte da immer noch – wie ein Trauma – der „Bruch der Großen Koalition“ in der Weimarer Republik; den anderen die zu intensive Zusammenarbeit zwischen SPD und Zentrum in Preußen; das Verhältnis zwischen dem Reich und den Ländern. Nachdenklichere beklagten und beschrieben den damaligen „Gegensatz der deutschen Kultur zum Zivilisationsgeist des Westens".

Ich erinnere mich gut der geistig lebendigen Gründerjahre unserer Republik; denn von Anfang an war ich dabei. Zuerst in Köln und Düsseldorf, dann für Nordrhein-Westfalen bei der „Bizone" in Frankfurt, beim „Bund" in Bonn und bei der Montanunion in Luxemburg und Straßburg. Dann auf eigenen Füßen.*

Ob wir nun aus der Emigration, aus den Konzentrationslagern, aus der Gefangenschaft oder „nur" aus den Bombennächten kamen, ob wir uns mehr christlich-sozial oder mehr sozialistisch engagierten, mehr unitarisch oder mehr föderalistisch dachten und handeln wollten, ob wir zu den in der Weimarer Republik „Gescheiterten" gehörten oder Anfänger aus der Kriegsgeneration waren – bei allem guten Willen und allem Zutrauen blieb die Frage: Werden wir es diesmal schaffen?

*

„Christentumsfeindschaft und Rassenwahn" nannten wieder andere als Wurzel des Niedergangs der Weimarer Republik – zerstörerisch wirksam wie ungünstiges Wahlrecht und Parteienzersplitterung. Der Weimarer Republik sei es einfach nicht gelungen, „ein gesundes Verhält-

* Siehe hierzu auch meine Bücher: „Geschichten aus der Politik", Berlin 1987, und „Gesichtspunkte eines Deutschen", Düsseldorf 1979.

nis zwischen Autorität und Freiheit herzustellen", so Eduard Hämmerle.

Zentrumsanhänger hätten das „Ende des Parteienstaates" proklamiert und den „Ständestaat" empfohlen. Wieder andere hätten sich von der „Entpolitisierung der Kirche" Vorteile für den Staat erhofft. Und immer wieder hätte die Kontroverse über den „Weimarer Parteienstaat" „mit seiner Verfassung ohne Gott" eine Rolle gespielt.

Mancher trauerte dem Kaiser-Reich und der Feudal-Ordnung nach. Viele hielten Ausschau nach anderen Autoritäten, weil ihnen nicht genügte, was Demokratie, Parteien und Reichstag anboten und bewirkten. Hinzu kam die anhaltende Arroganz der Siegermächte, die selbst den deutschen Demokraten den gebotenen Respekt verweigerten. Die Demütigung durch den Versailler Vertrag fand immer wieder neue Themen. Soziale Not und Inflation und Arbeitslosigkeit bestimmten den Alltag, wie politischer Terror auf den Straßen.

Kirchenmüdigkeit grassierte, ein untauglicher Reichspräsident amtierte, die Macht der Reichswehr wuchs an in einem Staat, den die Arbeiterschaft gewollt und gegründet hatte. Das Parlament lief auseinander, bevor es sich zusammen- und zur Gestaltung gefunden hatte. Der Demokratie in Deutschland gelang es nicht, die Nation für sich zu gewinnen.

Leider ist es so – allem guten und ernsthaften Bemühen zum Trotz: Am Beginn des Weges in die deutsche Katastrophe steht das Scheitern der Weimarer Republik. Hitler wurde in Weimar geboren. So der Verfasser unter Tumult am 24. April 1958 im Deutschen Bundestag.*

* Siehe hierzu auch mein Buch: „Plädoyer für Deutschland", München 1988, S. 70 ff.

Aufbruch

Die politische Führung Deutschlands erwies sich hinsichtlich der Wiedervereinigung Deutschlands als unvorbereitet und bemerkenswert unsicher. Zu meiner Zeit als Bundesminister für gesamtdeutsche Fragen im letzten Kabinett Adenauer (1962–1963) füllten die Pläne für den Fall der Wiedervereinigung Aktenordner und Schränke. Ein wissenschaftlicher Beirat arbeitete hart und präzise an allen diesen Fragen, ordnete die Fakten und machte Vorschläge, brachte immer wieder alles auf den neuesten Stand. Wir waren gut vorbereitet.

Gegenüber der Europäischen Gemeinschaft in Brüssel war klar, daß das durch Selbstbestimmung im Sinne des Artikels 23 unseres Grundgesetzes vereinte Deutschland sofort als Ganzes Mitglied der Europäischen Gemeinschaft sein würde. Mit dem Rechtsakt des Beitritts, der keiner Annahme oder keiner Zustimmung durch andere bedurfte, würde auch das deutsche Volk der „DDR" dazugehören. Wie gerne sähen die Polen, die Ungarn, die Tschechen, die Slowaken und andere sich in dieser Lage! Sie stehen vor der Türe.

Bundeskanzler Willy Brandt änderte die Deutschland-Politik fundamental: Er sprach von *zwei* deutschen Staaten. Aus dem Bundesministerium für gesamtdeutsche Fragen wurde ein Bundesministerium für innerdeutsche Beziehungen. Man richtete sich darauf ein, auf Dauer mit der deutschen Zweistaatlichkeit leben zu müssen. Deutschland-Politik schrumpfte zusammen auf die Auskunft über die Befindlichkeit der Beziehungen der beiden deutschen Staaten. Die Opposition dagegen sprach weiterhin von den „zwei Staaten in Deutschland".

So war die Bundesregierung Kohl sachlich schlecht vorbereitet auf die Wiedervereinigung Deutschlands. Und die Berichte des Bundesnachrichtendienstes (BND) über die „ökonomische Hinfälligkeit der DDR“ fanden wenig Beachtung. (FAZ vom 18. März 1996)

Bundeskanzler Kohl trug am 28. November 1989 vor dem Deutschen Bundestag sein deutschland-politisches Konzept vor: „Die Wiedervereinigung bleibt das politische Ziel der Bundesregierung.“ In diesem Dokument fehlte der unerläßliche Hinweis auf die völkerrechtliche Verpflichtung Deutschlands nach Artikel 7 des Deutschland-Vertrages: „Bis zum Abschluß einer friedensvertraglichen Regelung werden die Unterzeichnerstaaten zusammenwirken, um mit friedlichen Mitteln ihr gemeinsames Ziel zu verwirklichen: ein wiedervereinigtes Deutschland, das eine freiheitliche und demokratische Verfassung, ähnlich wie die deutsche Bundesrepublik, besitzt *und in die Europäische Gemeinschaft integriert* ist.“

Diese, sagen wir: Ungeschicklichkeit, ließ in Paris – und nicht nur dort – alle kleinen Poincarés mit trotzigem Entsetzen „Haltet den Dieb!“ rufen. (Ich war damals Koordinator für die deutsch-französische Zusammenarbeit.)

Unser Bundespräsident mahnte am 13. Dezember 1989, „die deutsche Dynamik mit europäischen Erfordernissen und den bestehenden Bündnisstrukturen in ‚Tuchfühlung‘ zu halten“. Er erklärte:

> *Wir sind eine Nation, und was zusammengehört, wird zusammenwachsen. Aber es muß eben zusammenwachsen. Es darf nicht der Versuch gemacht werden, daß es zusammenwuchert. Wir brauchen Zeit.*

Wenn es zusammenwachsen soll, dann kann es ja nur aus der jetzigen Lage heraus zusammenwachsen, nämlich mit zwei Staaten einer Nation. Und nur wenn sie beide sich auf einem gesunden Weg befinden, nur dann können sie in gesunder Weise zusammenwachsen. Also müssen wir sehen, was die beiden Staaten miteinander zustande bringen. Es ist eine Aufgabe, in der wir uns unsere Verantwortung und unseren Zusammenhang in ganz Europa vor Augen halten müssen.

Sein Biograph und Mitarbeiter Friedbert Pflüger berichtet*:

Wenige Tage bevor Helmut Kohl und Hans Modrow in Dresden die Grundlagen für eine deutsch-deutsche Vertragsgemeinschaft zu legen suchten, besuchte Richard von Weizsäcker ein Adventssingen in der Potsdamer Nikolai-Kirche. Konsistorialpräsident Manfred Stolpe hatte Weizsäcker zu diesem Singen bereits in den letzten fünf Jahren regelmäßig eingeladen, allein politische Gründe hatten einen Besuch des Präsidenten in der DDR verhindert. Am 17. Dezember 1989 wurde Weizsäcker in der Kirche von Manfred Stolpe, Hans Modrow, dem amtierenden Staatsratsvorsitzenden Manfred Gerlach (LDPD) und dem Vorsitzenden der CDU in der DDR, Lothar de Maizière, begrüßt.

Nach dem Weihnachtssingen zogen sich die Politiker zu einem vorher nicht geplanten Gespräch in Schloß Cecilienhof zurück, dorthin, wo im Sommer 1945 die Siegermächte das Potsdamer Abkommen geschlossen hatten. Man sprach offen über die Zukunft Deutsch-

* „Richard von Weizsäcker", Stuttgart 1990, Seite 174 f.

lands. Die Politiker waren sich einig darin, „daß unsere Bündnispartner sich auf die von uns gegebenen Worte verlassen können". Man bekundete großes Interesse an einer Stabilität der DDR und an einem geregelten Fortgang des Demokratisierungsprozesses bis hin zu den (damals noch) für den 6. Mai 1990 vorgesehenen Wahlen zur Volkskammer der DDR.

Das bedarf keines Kommentars. Von Wiedervereinigung war da nicht die Rede.

Es ist unbekannt, ob der Bundeskanzler – wie es sein Recht nach Artikel 58 des Grundgesetzes ist – diese wichtigen Erklärungen des Staatsoberhauptes vorher gekannt oder gebilligt hat. Sie stehen im Widerspruch zu Kohls vorherigen (!) Regierungserklärung vom 28. November 1989.

Auch der Bundeskanzler schwankte noch, ob er der Wiedervereinigung Deutschlands durch Beitritt nach Artikel 23 des Grundgesetzes den Vorzug geben sollte oder dem Weg über eine neue Verfassung nach Artikel 146 des Grundgesetzes.

Helmut Kohl erklärte am 10. Februar 1990:

> *Wir werden eine* neue Verfassung *zu schaffen haben, aber die Erfahrung mit dem Grundgesetz, das nach meiner – und nicht nur nach meiner – Überzeugung die freiheitlichste Verfassung, die am besten gelungene Verfassung der Geschichte der Deutschen ist, wird sicherlich dazu führen, daß auch die, die dann aus der DDR mitwirken – später, in einem* verfassunggebenden Organ – *das alles sehr genau prüfen werden. Ich bin dafür, daß das, was sich bewährt hat, und zwar auf beiden Seiten, von uns übernommen werden soll. Es*

*gibt auch eine Entwicklung in der DDR in diesen 40 Jahren, die es sich sehr lohnt anzusehen.**

Die SPD-Opposition bot ein diffuses Bild: Willy Brandt forderte: Nun müsse zusammenwachsen, was zusammengehöre. Indes übte sich Oskar Lafontaine, Kanzlerkandidat der SPD, als Bedenkenträger der Nation. Die „Süddeutsche Zeitung" schrieb am 24. März 1990: „Die Herren Lafontaine und Gysi sind sich zumindest darin einig, den Vereinigungsprozeß abzubremsen und aufzuhalten." Und Walter Momper lehnte am 9. Februar 1990 eine Wiedervereinigung Deutschlands ab: Die richtige Lösung liege in einer Demokratisierung der DDR und der Beibehaltung ihrer Eigenstaatlichkeit. Bedauerlicherweise hörten in der Bundesrepublik zu wenige Politiker auf die von ihm, Momper, und seinem Freund Lafontaine vertretene Meinung.

Dagegen stemmte sich der Gewerkschaftsführer Rappe: „Ich sehe das anders als meine Parteifreunde Lafontaine und auch Momper. Ich will die Wiedervereinigung." („Bild", 4. Januar 1990)

Das politische Deutschland bot damals zu oft ein Bild zaghafter Unsicherheit.

*

Alsbald nach der Wiederherstellung der deutschen Einheit begann in Deutschland eine breite Debatte über den Einsatz der Bundeswehr „out of area". Die Bundesregierung führte sie an: Dem größeren Deutschland gebühre

* *Siehe hier zum einzelnen: Rainer Barzel: „So nicht", Düsseldorf 1993, S. 61 ff.*

größeres Gewicht und größere Verantwortung – auch für den Weltfrieden. Deutschland könne nicht weiterhin „passen“, wenn NATO-Partner auch militärisch an friedlichen Aktionen der UNO oder der NATO teilnähmen. Der Druck aus dem Ausland, die deutsche Zurückhaltung aufzugeben, wachse an und sei beträchtlich.

Den Bürgern wurde eingeredet, unsere „Bündnisfähigkeit“, unsere „Berechenbarkeit“ und unsere „Verläßlichkeit“ hingen davon ab, daß wir international einen „vollwertigen Beitrag“ leisten. Das meinte militärische Engagements „out of area“. Amtlich wurde „mehr Mut zur Verantwortung“ gefordert und „eine zeitgemäße Partnerschaft unter Gleichen“ im Bündnis.

Wir sind aber keine Atommacht und haben auch nicht Sitz und Stimme im Sicherheitsrat der Vereinten Nationen, sitzen also auf einem durchaus kleineren (und angemesseneren) Stuhl, sind nicht „gleich“, werden es auch nicht, wollen es auch nicht.

Das alles verwirrte viele unserer Freunde. Es kulminierte, als Karl Kaiser am 1. Oktober 1993 in der „Frankfurter Allgemeinen Zeitung“ schrieb: „Ein ständiger Sitz im Sicherheitsrat der Vereinten Nationen – damit stellt sich die Frage der Rückkehr Deutschlands als europäische Großmacht in die Weltpolitik.“

Lautstärke schadet.

Es mag ja sein, daß in Casinos und zwischen Ämtern so gedrängt und geredet und gedacht wurde. Die Staaten selbst äußerten sich offiziell kaum.

Die Völker nahmen wahr, daß nun in Deutschland, im wiedervereinigten Deutschland, eine Militär-Debatte stattfand. Nicht wenige draußen wunderten sich darüber, vernahmen kritisch die deutsche Forderung, nun Voll-

Mitglied im Sicherheitsrat der Vereinten Nationen zu werden.

Margarita Mathiopoulos verkündete „das Ende der Bonner Republik"*

Die zukünftige Berliner Republik wird nicht automatisch an die bewährte Bonner Republik anknüpfen; der politisch-historische deutsche Prozeß ist noch offen.

Bis heute erscheint der gravierende Wandel in Deutschland dem Westdeutschen indes vornehmlich als Vergrößerung des Territoriums, der Einwohnerzahl, der Wohnungsnot und der Schulden. Der Wandel der gesamtpolitischen Situation und des Bewußtseins wird dagegen selten zur Kenntnis genommen.

Die Frage lautet nicht, ob die Bonner Republik noch lebt. Die Frage lautet vielmehr, was aus dem neu erstandenen Deutschland wird, in welche Richtung es sich bewegt, wie sich das bisher quälend vollziehende Zusammenwachsen politisch auswirkt. Diese Frage ist offen.

Es gibt ernste Argumente, die darauf hindeuten, daß das neue Deutschland nicht notwendigerweise zu Maß und Mitte finden wird. Selbst Bismarck hatte am Ende das schwere Spiel mit den fünf Kugeln verloren und ungewollt deutschem Größenwahn den Boden bereitet. Nach ihm kam der Abgrund. Wird Bonn, wird Berlin dieser Balanceakt zu Zeiten unübersichtlichen Wandels gelingen?

Was ist in diesem Zusammenhang ferner davon zu halten, wenn am 17. August 1991, knapp zwei Monate nach der Entscheidung des Bundestages für Berlin, der Leichnam des „Alten Fritz" mit großem Pomp von der

* Stuttgart 1993.

Burg Hohenzollern bei Hechingen nach Potsdam transportiert wird und auf Schloß Sanssouci in Anwesenheit von Bundeskanzler Kohl und dem brandenburgischen Ministerpräsidenten Manfred Stolpe erneut beigesetzt wird?

Sebastian Haffner, wahrlich kein Preußengegner, sprach von einer „fatalen Affaire". Der neue „Tag von Potsdam" rief seiner Meinung nach unvermeidlich „die Erinnerung an Hitlers Propaganda-Verbeugung vor dem Sarg Friedrichs des Großen im Jahre 1933 wach".

Sebastian Haffner kommentierte:

Kohl hat oft erklärt, er betrachte sich als Enkel Adenauers. Die Tradition Adenauers aber war antipreußisch, westdeutsch, rheinisch. Will Kohl diese Tradition aufheben und in die Reihe der wilhelminischen Reichskanzler einrücken? Das ist jedenfalls die symbolische Wirkung seines unpassenden Auftretens in Potsdam ... Ich bin durchaus dafür, Friedrich dem Großen als Person Gerechtigkeit werden zu lassen. Aber hier handelt es sich nicht um ein historisches Seminar, sondern um eine Staatsaktion, zu der uns niemand zwingt. Den Akt von Potsdam hätten wir besser bleiben lassen sollen.

Im Ausland wurde er jedenfalls vielfach mit Sorge zur Kenntnis genommen. In der britischen Presse gab es Stimmen, die die Anwesenheit der Bundeswehr-Ehrenwache kritisierten, der Sorge von neuem deutschen Militarismus Ausdruck verliehen und von einem neuen „Sturm" sprachen, mit dem die Deutschen die preußische Königsfamilie nun rehabilitieren würden.

Die bescheidene Bonner Republik geht zu Ende. Ein vereintes Deutschland wirft sich voller Selbstbewußtsein in die Brust: „Wir sind wieder wer! ...“

Diese Befürchtungen müssen nicht neue Wirklichkeit werden. Wer sie kennt und erkennt, kann sie bannen. Auch aus Berlin.

Ganz anders wirft sich Johannes Gross in die nationalliberale Brust: Er schwärmt geradezu von der „Berliner Republik“. Die Bundesrepublik Deutschland sei durch die Wiedervereinigung „von Grund auf anders geworden.“* Er spricht von der neuen Berliner Republik und der „alten“ Bundesrepublik Deutschland:

Dieses Bild der Bundesrepublik ist durch die Wiedervereinigung von Grund auf verändert. Der Wortlaut der Verfassung ist derselbe geblieben (einige bedeutungslose Retuschen werden noch vorgenommen), doch steht nicht mehr das gleiche drin.

Das Schlüsselwort der politischen Gegenwart ist „Grundversorgung“, einst vom Bundesverfassungsgericht aus medienrechtlichem Anlaß in den öffentlichen Diskurs eingeführt und allmählich die praktische Vokabel geworden, auf die sich alles staatliche Handeln im Inneren richten soll. Für die Berliner Republik ist sie das geheime Oberprinzip, an dem es Erwartung und Rechtsempfinden der großen Mehrzahl der Bürger orientieren. Zur Grundversorgung in der Berliner Republik wird auch die Herstellung derjenigen Gleichheit gehören, die als sozial verträglich gelten kann.

* „Die Berliner Republik“, Stuttgart 1995.

Es ließe sich absehen, „daß Rede- und Informationsfreiheit in der Berliner Republik anders verstanden werden müssen“.

Gross spricht vom „Anschluß der DDR“. Deutschland kehre zur „Normalität“ zurück. Berlin werde Hauptstadt sein wie Paris und London. „Normalität, also Berliner Republik statt Bonner Bundesrepublik, heißt vor allem Normalität der Instabilität ... Die Bundeswehr der Berliner Republik wird deswegen im Kern eine Berufsarmee sein müssen ... In der Berliner Republik gibt es endlich die Chance, die Fehlentwicklungen des föderativen Systems zu korrigieren.“

Johannes Gross äußert sich über Bonn so: „Die Bonner Bundesrepublik ... hatte selbst ihre Staatlichkeit nie herausgekehrt, jedes offenkundige Vorzeigen von Staatsmacht möglichst vermieden und auf staatliche Liturgie weitgehend verzichtet.“

Ein „neuer“ Staat von „anderer“ Qualität?

Deutschland entschied sich für den Weg zur Wiedervereinigung nach Artikel 23 des Grundgesetzes. Die frühere DDR trat bei. Die internationalen Verträge, welche die Wiedervereinigung begleiteten, schloß folglich die Bundesrepublik Deutschland.

Gleichwohl herrscht Streit: Ist das wiedervereinigte Deutschland ein „anderer“ Staat, gar noch von „anderer Qualität“?

Wolfgang Schäuble betonte: „Ich sehe in der Entscheidung für Berlin eine bessere Chance, daß wir sichtbar machen, daß diese Bundesrepublik Deutschland bei aller Kontinuität durch die Wiedervereinigung etwas *qualitativ Neues* geworden ist.“ (24. April 1991)

Ähnlich argumentiert Johannes Gross: „Die Berliner Republik ist mit der Bonner Republik staatsrechtlich identisch; gesellschaftlich, politisch, kulturell ist sie es nicht.“ (a. a. O., S. 8)

„Diese alte Bundesrepublik ist, nicht anders als die DDR, am 3. Oktober 1990 untergegangen ... Deutschland ist ein neues Land.“ (Konrad Weiß, 20. Juni 1991) „Die Einigung stellt nicht nur eine quantitative, sondern auch eine qualitative Änderung der Wirklichkeit dar.“ (Hans-Jochen Vogel, 16. Januar 1992) Diepgen fragt, „ob diese Bundesrepublik Deutschland die Einheit Deutschlands so begrüßt, daß gerade die alte Bundesrepublik Deutschland um ein paar Quadratkilometer größer geworden ist, oder ob es etwas anderes ist?“ Ein schlimmer Satz! Es geht doch um Freiheit, nicht um Gelände. Das ist wider den Geist des Artikels 23 des Grundgesetzes, der den freiwilligen Beitritt vorsah.

Etwas qualitativ Neues? Hoffentlich nicht!

In dieser Zeit des Aufbruchs mußte man lesen und hören: Das „westdeutsche Staatsverständnis“ genüge nun nach der Wiedervereinigung nicht mehr. Manche träumten von der Wiedervereinigung zum „Deutschen Reich“. Die „alte Bundesrepublik Deutschland“ sei am 3. Oktober 1990 mit der DDR „untergegangen“: „Wir werden ein anderes Land.“

Das bewirkte Fragezeichen. Auch im Ausland. Hatte man doch der deutschen Einheit zugestimmt, weil diese Bundesrepublik Deutschland mit ihrem Staatsverständnis und ihrer Wirklichkeit ein guter Nachbar und Partner war! Alle Welt wünscht, im vereinten Deutschland das *Gesicht* der Bundesrepublik Deutschland weiter erkennen zu können – nicht nur ihren Namenszug in völkerrechtlichen Dokumenten.

*

Einige wollten unser Grundgesetz auf den Kopf stellen, es wesentlich verändern. In anderen Köpfen spukte es: Deutschland solle sich als „Mitte“ begreifen, „Brücke zum Osten“ werden. Man könne nun nicht einfach „westdeutsch“ weitermachen.

Warum nicht?, fragt man draußen: *Was wird „Berlin“ sein, wenn es nicht „Bonn“ sein will?*

Die Bundesrepublik Deutschland ist der beste Staat unserer Geschichte. Diesem Staat traten unsere Landsleute freiwillig bei, nachdem sie – und kein anderer! – ihre Diktatur friedlich beiseite geschafft hatten.

Auf, denn: Nach Berlin! Nicht mit „Bonn“ als Ballast auf dem Rücken, sondern mit „Bonn“ als dem erfolgreichen Sprungbrett zur Einheit im verantwortlichen Verstand. Mehr noch: mit „Bonn“ als Verpflichtung für politischen Gehalt und als Meßlatte für Erfolg.

Wo Deutschlands Politik stattfindet und sich konzentriert, ist gewiß wichtig. Entscheidend jedoch ist, *wie* sie gemacht wird und *was* sie tut und will. Berlin ist gefordert, es Bonn – zumindest – gleich zu tun!

Die Verfassungskommission von Bundestag und Bundesrat begnügte sich mit wenigen Änderungen des Grundgesetzes. Sie ließ keinen Zweifel, daß die Bundesrepublik Deutschland durch den Beitritt nicht zu einem neuen, anderen Staat wurde. „Die Identität des Grundgesetzes hat sich nicht verändert, wohl ist der Anwendungsbereich größer geworden.“ (Jahn, 16. Januar 1992) Der Wahlsieg vom Mai 1990 sei der der deutschen Einheit auf der Basis des Grundgesetzes gewesen. „Damit ist das Grundgesetz die Verfassung des vereinigten Deutschland; wir bedürfen keiner neuen Verfassung.“ (Heitmann, 16. Januar 1992)

Die Bringschuld des wiedervereinigten Deutschland an Europa, an die Welt und die eigene Geschichte heißt: Wieder die „liebenswerte Republik“ zu werden, als die ich sie vor der Bundesversammlung 1984 ohne Widerspruch bezeichnet habe. *Diese* Bundesrepublik Deutschland fand mit Billigung der Welt die deutsche Einheit wieder. Die Quelle unserer Kraft war und ist: Einordnen, nicht vordrängeln; Rücksicht, nicht Ellenbogen; Hilfsbereitschaft, nicht Ansprüche.

Wenn das künftig auch aus Berlin beherzigt und die Tonlage von schrill auf maßvoll umgeschaltet wird – dann wird es gut gehen mit Deutschland. Nur dann!

*

Nun in Deutschland dieses Drama: Aus dem vereinten Deutschland kommen Nachrichten, die verwirren, erstaunen, erschrecken, böse Erinnerungen wecken: brennende Synagogen, braune Gewalttaten, Fremdenhaß, Intoleranz.

Geht es wieder los?, fragt die Welt. Und so weigerte sie sich, erneut eine Olympiade in Berlin abzuhalten.

Es ist nicht deutsche Arroganz, sondern Einsicht und Erfahrung, wenn ich erkenne und immer von neuem ausspreche: Von Deutschland hängt viel ab – von seiner Stärke, seiner Verläßlichkeit, seiner Nachbarlichkeit. Von seiner Demokratie. Von dem, was wir für Deutschland, wie von dem, was wir für Europa wollen.

Deutschland könne so groß sein wie es wolle, so lange es demokratisch sei. Das sagte Václav Havel den Kritikern der deutschen Selbstbestimmung.

Die Hauptstadt-Debatte

Am 29. Juni 1990 verlieh Berlin seine Ehrenbürgerwürde an Richard von Weizsäcker, damals Bundespräsident. Dieser hielt in der Nikolaikirche eine Rede, die weithin wirkte. Er warb offen für Berlin. (Auch hier bleibt die Frage, ob der Kanzler das vorher wußte und gebilligt hatte.)

Für Berlin spreche, „daß die Regierenden den ganz unterschiedlichen Realitäten in den beiden Teilen Deutschlands täglich konkret und praktisch begegnen ... Nur in Berlin kommen wir wirklich aus beiden Teilen und sind doch eins. Das ist die große Chance für ein gesundes, allmähliches Zusammenwachsen. Die Politik muß es täglich unmittelbar erleben."

Die Baupläne für Berlin sprechen eine ganz und gar andere Sprache. Die da nach Berlin aus Bonn Kommenden sollen vor Berlin und den Berlinern geschützt werden durch „Höchstsicherheitszonen", „Tunnelsysteme", „Sicherheitszäune"; Berlin werde sich – so der „Spiegel" (8/96) – „verwandeln in eine hermetisch abgeschirmte Funktions- und Funktionärsmaschine".

In Bonn kamen wir mit einer „Bannmeile" für das Parlament aus.

Auch erklärte Richard von Weizsäcker: „Die Stadtgeschichte ist von Weltoffenheit, Toleranz und Liberalität geprägt." Da kommen einem die Tränen: Keine Militarisierung der Gesellschaft? Keine Diskriminierung nach Religion und Stand und Vermögen? Keine Sozialisten-Gesetze? Kein „Kulturkampf"? Keine Kriege? Keine Wannseekonferenz?

Die Aussage ist maßlos einseitig, auch falsch.

*

Gewiß gab es in Berlin die „Goldenen zwanziger Jahre". Gewiß sind preußische Tugenden zu loben. Es ist unvergessen, welche Reformen in Preußen vollzogen wurden und wie groß der Anteil Preußens an den Befreiungskriegen gegen Napoleon war. Die Aufnahme der Salzburger Protestanten und der Hugenotten sind Marksteine der Toleranz.

Das alles geschah, bevor der Wilhelminismus ausbrach.

Preußen war trotz aufgeklärtem Absolutismus ein Obrigkeitsstaat. „Thron und Altar" und das Militär gaben den Ton an. Das Drei-Klassen-Wahlrecht privilegierte die Herrschenden. Der Reichstag, die Parteien hatten in Sachen Krieg und Frieden nichts zu sagen. Die militärische Kommandogewalt des Königs unterlag keiner Pflicht zur Gegenzeichnung.

Dieser Wilhelminismus widerspricht der These unseres früheren Bundespräsidenten.

Und das Berlin der Nazi-Diktatur habe ich erlebt. Meine Schule, das „Gymnasium am Lietzensee", wurde verboten. Die Lehrer (Patres) lasen mit uns die Bibel statt Rosenbergs „Mythos des zwanzigsten Jahrhunderts". Der Jugendbund („Neudeutschland"), dem ich angehörte, wurde gleichfalls verboten. Und Fußballkameraden mußten den Juden-Stern tragen, bevor sie plötzlich nicht mehr da waren.

*

Berlin oder Bonn? – das war die Frage. Die Debatte des Deutschen Bundestages, die am 20. Juni 1991 zur Entscheidung führte, ist im Protokoll des Deutschen Bundestages sorgfältig dokumentiert.

Zuvor gab es – am 24. April 1991 – eine interne Beratung in der CDU-/CSU-Fraktion des Deutschen Bundestages. Als frühere Vorsitzende wurden Karl Carstens und ich geladen, um Rat zu geben und zu votieren.

Karl Carstens erklärte:

Ich muß Ihnen sagen, daß nicht nur ich, sondern viele andere, die damals für Frankfurt gewesen waren, in den folgenden Jahren Gott gedankt haben, daß wir nicht in Frankfurt, sondern in Bonn saßen. In den unruhigen Jahren, an die sich jeder von uns erinnert, wo die Krawalle in Frankfurt losgingen, Studentenkrawalle, später der Kampf um die Startbahn West, und was weiß ich alles. Kurzum, Vorgänge, die die Regierungsfähigkeit und die Arbeitsfähigkeit eines Parlaments, wenn es in Frankfurt gesessen hätte, ohne Zweifel beeinträchtigt hätten.

Dazu kommt, ich möchte sagen, der wunderbare Charakter der Bonner Bevölkerung. Sie alle kennen ihn, ich brauche ihn hier im einzelnen nicht vor Ihnen auszubreiten ...

Und ich meine, das ist ein Vorzug für eine Stadt, in der regiert werden soll. Das ist ein Gesichtspunkt. Das ist nicht ein abschließendes Plädoyer für Bonn. Aber es ist ein Gesichtspunkt. Und ich will jetzt gar nicht ausmalen, wie das in Berlin in den nächsten Jahren sein wird. Das kann sich jeder vorstellen.

Aus dem Votum von Rainer Barzel:

... Dem Parlament haben wir hier – aus guten Gründen (ich erinnere an die fundamentale Nachrü-

stungs-Entscheidung) – eine Bannmeile zugeordnet. Das ist für mich ein Fingerzeig: Der Bundestag sollte fernab vom leicht erregbaren Gedränge arbeiten! ...

Die deutsche Politik hat nicht gelitten, weil das Bundesverfassungsgericht in Karlsruhe und die Bundesbank in Frankfurt am Main arbeiten. Der Bundesrat ist arbeitsfähig – trotz der zahlreichen, täglichen An- und Abreisen aus und zu den Landeshauptstädten.

Der Zwang zum Miteinander tut allen wohl, stärkt durch vielfache Beteiligung den Zusammenhalt. Dezentralisation fördert sympathische Vielfalt als Quelle erwünschter Einheit. Man kann fühlen und erfahren: Nicht nur hier, sondern auch dort lebt ein Stück Bundesgestaltung! So entsteht eine Einheit, an der viele, auch aus verschiedenen Plätzen mitwirken – und keiner fühlt sich an den Rand gedrängt, gar ausgeschlossen. Einheit durch Vielfalt. So haben wir damals Jüngeren es unseren Verfassungsmüttern und -vätern geraten. Was war und ist schlecht daran?

Auch Wirtschaftsgiganten haben gelernt, das Optimum statt des Maximums zu erstreben. Und viele unserer Nachbarn schauen – fast sehnsüchtig – auf das machtverteilende und deshalb zusammenordnende Prinzip unserer demokratischen Ordnung!

Aus diesen Gründen ist es meines Erachtens auch dringlich, in den neuen Ländern Institutionen des Bundes arbeiten zu lassen.

Wir haben uns nicht zum Deutschen Reich wiedervereint. Die Bundesrepublik Deutschland, zu der die neuen Länder nach freien Wahlen beitraten, ist ein Bundesstaat. Die Weimarer Republik war mehr unitarisch. Das Ja zur föderativen Ordnung gehört zur streitenthobenen demokratischen Erneuerung nach dem

Zweiten Weltkrieg wie die Unterscheidung zwischen Maximum und Optimum zu Sozialer Marktwirtschaft und Sozialer Partnerschaft. Dezentralisation statt Gigantomanie – das ist das moderne Erfolgsrezept ...

Ich übersehe nicht,

- *daß die Nationalversammlung nach dem Ersten Weltkrieg, wegen Berliner Wirren, in Weimar tagte;*
- *daß die Reichsregierung 1920 aus ähnlichen Gründen nach Stuttgart auswich.*

Natürlich darf Berlin nicht angelastet werden, auch wilhelminische und nazistische und zur Hälfte kommunistische Hauptstadt gewesen zu sein – auch nicht die traurige Wahrheit, daß nun nicht mehr 250 000 Juden zur Lebendigkeit der deutschen Hauptstadt beitragen. Wohl auch künftig nicht.

Vierzehn Jahre also gab es – leider nur! – das demokratische, ganze Berlin. Und 45 Jahre lang das geteilte Berlin, das sich durch seine Haltung – und unseren Zuspruch – den Anspruch auf die Hauptstadt neu erwarb.

Berlin ist – ich wiederhole – Hauptstadt eines Bundesstaates geworden, nicht des wiederbelebten Reiches; ist es auch durch unseren Zusammenhang und Zusammenhalt geworden. Und das verlangt, wie ich meine: Bescheidung und Miteinander mit anderen – auch mit Bonn.

Willy Brandt betonte in der Debatte des Deutschen Bundestages am 20. Juni 1991 in seinem Votum für Berlin, es gehe „um eine nationale Weichenstellung“, auch um „Solidarität mit dem Osten“. Deutschland werde „zur neuen Mitte Europas“. Bei dieser Entscheidung gehe es – so Wolfgang Thierse – um „die Identität des gemeinsamen deutschen Staates“.

Bundespräsident Richard von Weizsäcker forderte hartnäckig Berlin als Hauptstadt. In seinem offiziellen „Memorandum“ („ich als Verfassungsorgan“) empfahl er Berlin, das „durch seine Größe ausgerüstet“ sei: Europa brauche Berlin „als Drehscheibe“. „Die Homogenisierung des größer und zentraler werdenden Europa ist das historische Gebot der kommenden Zeit.... Zu ihrem Erfolg beizutragen, das ist die ganz besondere Verantwortung Deutschlands. Deutschland hat nicht die beherrschende Rolle zu spielen, aber die treibende.“

Andere redeten massiver: Nur die Antwort für Berlin entspräche der „historischen Perspektive“ (Hanna-Renate Laurien, „Bild“, 22. März 1991). „Hauptstadt sein heißt, Sitz aller Verfassungsorgane zu sein.“ (Scholz, „Bild am Sonntag“, 29. März 1991).

Von den Bonn-Befürwortern sei hier nur Peter Glotz zitiert:

> *Bonn ist für mich – weil Sie von Symbolen reden – das Symbol des Neuanfangs, eines notwendigerweise unprätentiösen, manchmal armseligen Neuanfangs aus den Trümmern. Ich beschwöre Sie, meine Kolleginnen und Kollegen, daß wir uns gemeinsam zu dem bekennen, was uns doch wahrscheinlich allen wirklich gemeinsam ist, daß nämlich nach den Katastrophen der deutschen Geschichte im 20. Jahrhundert ein Neuanfang notwendig war und daß Bonn das Symbol dieses Neuanfangs ist...*
>
> *Mein letzter Satz lautet: Treffen wir heute die politische Entscheidung, daß jenes wunderbare Stück Europa, das wir Deutschland nennen, weiterhin aus der Stadt regiert wird, aus der Konrad Adenauer die Brük-*

ke zum Westen und Willy Brandt die Brücke zum Osten schlug ... Bonn ist die Metapher für die zweite deutsche Republik. Bonn muß und soll Regierungs- und Parlamentssitz bleiben.

Die Entscheidung im Parlament ist gefallen. Berlin ist Hauptstadt – mit allen Chancen und Gefahren für Deutschlands Zukunft.

Der Regierende Bürgermeister von Berlin erklärte am 24. April 1991 – zur Freude aller europäischen Nachbarn – anmaßend: Mit der Entscheidung für Berlin als deutsche Hauptstadt gehe es „um die Signalwirkung für einen völlig neuen Aufbau von europäischen Hauptquartieren". Unerträglich großspurig fand man das in Brüssel, in Paris, in London, in Rom, auch in Warschau und in Prag. Wenn Deutschland sichtbar und lauthals seine Muskeln spielen läßt, finden alle Nachbarn sich schnell zusammen. Nicht zu unseren Gunsten.

Im Abstimmungskampf um die Fusion Berlin-Brandenburg (1996) erschien der Regierende Bürgermeister mit friderizianischen „Langen Kerls" und warb für die Fusion als „ein Stück Preußen".

Auch in Bonn gab es preußische Soldaten – im Karneval: Sie machen sich über den preußischen „Kommiß" lustig – in Erinnerung an die preußische Besatzung im 19. Jahrhundert. Sie tun es noch heute und immer wieder.

Die Fusion durch Volksabstimmung mißlang – auch weil die Brandenburger den „Koloß Berlin" fürchteten.

Die Entscheidung für die Hauptstadt Berlin wurde doch überwiegend aus der Vergangenheit begründet. Wie sollen da Bauherren die Steine setzen, so daß weithin erkennbar wird: Wir meinen die Zukunft! Und: welche Zukunft?

Jens Jessen kritisiert – mit Belegen – die Berliner „Bewegungslosigkeit“, die „Tradition der organisierten Entschlußlosigkeit“:

> *Die Politiker fürchten sich nicht vor der Mehrheit, die schweigt, sondern vor der lauthals sich beschwerenden Minderheit ... Inzwischen erstreckt sich die habituelle Feigheit aber, wie in den meisten Berliner Projekten, schon auf symbolische oder ästhetische Empfindlichkeiten, die den ideologischen oder auch nur milieubestimmten Präferenzen gesellschaftlicher Gruppierungen entspringen.*
>
> *Was sich hier in Umrissen abzuzeichnen beginnt, ist das Heraufdämmern einer korporationistischen Staatspraxis, in der Verbände und Gewerkschaften, Berufsvertretungen, Branchenlobbies, Bürgerinitiativen oder Stadtteilvertretungen bestimmend werden. Zwischen ihnen sind die gewählten Politiker nur mehr als Moderatoren, bestenfalls als Schiedsrichter tätig. Es geht ihnen nicht mehr darum, sich gegenüber dem Volk als Souverän zu verantworten, sondern diplomatische Kompromisse zwischen organisierten Minderheiten auszuhandeln, die ihrerseits keineswegs demokratisch zustande gekommen sein müssen, sondern sich selbst ernannt und berufen haben. Die Idee von der Basisdemokratie hat sich darin auf eine Weise verwirklicht, die den einstigen Erfindern der Bürgerinitiativen selbst unheimlich werden müßte.*
>
> *Nur wer schreit, wird gehört. Nicht mehr die Politiker geraten unter den Druck von Bürgern, sondern die Politiker zwingen das Volk, dessen Stimme sie im Par-*

lament geringachten, sich außerparlamentarisch zu organisieren, um mitreden zu können.
(„FAZ", 23. Juli 1996)

Die Olympia-Bewerbung

1992 bewarb sich Berlin um den Zuschlag des Internationalen Olympischen Komitees für die Sommer-Olympiade im Jahre 2000. Mit Berlin bewarb sich Rostock – für den Wassersport.

Das durch aufkommende Gewalt und Fremdenfeindlichkeit international ins Gerede gekommene Deutschland wirkte nicht gerade einladend.

Die Bewerbung fand ein peinlich-erniedrigendes Ende: Nur neun (darunter zwei Deutsche) der 83 IOC-Mitglieder stimmten für Berlin ...

Finanzielle Ungereimtheiten, angebliche „Geheim-Dossiers“ über Mitglieder des IOC und die kraftvolle Anstrengung militanter Chaoten, die Bewerbung Berlins zu stören und die Olympiade in Berlin zu verhindern, brachten der deutschen Hauptstadt weltweit negative Schlagzeilen. Da gab es Bomben-Drohungen, Farbbeutel, Steine, Rauchbomben als Berliner „Willkommensgruß“ der Berliner Olympia-Feinde. Auch verkündeten die „Anti-Olympioniken“ „Anschläge auf Sportstätten“ und „brennende Autos auf den Zufahrtswegen zum Olympia-Stadion“.

Das genügte dem Komitee, die Bewerbung Berlins negativ zu beurteilen. Nach den fremdenfeindlichen Anschlägen von Hoyerswerda, Lichtenhagen, Solingen war „Berlin vom Tisch“, wie man nun auch in Berlin zu erkennen begann. Auch an das Attentat auf Monica Seles in Hamburg wurde wieder erinnert. „Olympia verhindern!“ forderte ein Plakat.

Gleichwohl versprach Berlin „heitere Spiele“ in einer „Oase der Friedfertigkeit“. Man ging so weit, die „Erlauchten" vor dem Pergamon-Altar speisen zu lassen – mit musikalischer Begleitung berühmter Cellisten. Man warf sich gehörig in die Brust. Zu gehörig, wie viele empfanden.

Die demonstrierte, furchterregende Polizeipräsenz aus Anlaß des Besuches der IOC-Prüfungskommission im April 1993 sprach die Sprache der Realität, entlarvte Worte.

Klaus Harpprecht schrieb am 25. Februar 1993 in der Zürcher „Weltwoche":

Die Ankündigung der Berliner Bewerbung genügte, um die Fernsehschirme in aller Welt mit Erinnerungen an jenes rauschende Fest der schönen Leiber und der Hakenkreuz-Fahnen, des Heilgebrülls, der Hitler-Grüße und des verweigerten Führer-Handschlags für den schwarzen Sprinter Jesse Owens zu überschwemmen.

Die düsteren Reminiszenzen werden sich, sollte die Kandidatur der deutschen Hauptstadt erfolgreich sein, abertausendfach wiederholen: Public Relations.

Auch der Versuch, die Spiele als eine Lehrveranstaltung zur „Aufarbeitung" der Vergangenheit, der sogenannten, zu präsentieren, wird die fatalen Gespenster nicht verscheuchen.

Die bessere Konsequenz der „historischen Hypothek" wäre eine gewisse Bescheidung gewesen. Sie scheint in Berlin nicht vorgesehen.

Als „machtgeschützte Innerlichkeit" hat Thomas Mann das Wesen der großpreußisch-kleindeutschen Gesellschaft definiert. In der wilhelminischen Ära verkam sie zur machtgeschützten Äußerlichkeit. Die Macht ist dahin. Die Äußerlichkeit aber blieb – und mit ihr die neurotisch-zwanghafte Entschlossenheit, keine Grenze des Taktes und des Geschmacks zur Kenntnis zu nehmen. Die angebrachte Zurückhaltung wird in einem Schwall von pathetisch-sentimentalen Deklamationen ersäuft. Auch entspricht es wilhelminischer Gewohnheit, über die eigenen Verhältnisse zu leben. Genaue Rechner wissen, daß sich das größere Deutschland, dem unter der Last der Wiedervereinigung ohnedies der Atem auszugehen droht, die monströse Extravaganz einer Olympiade nicht leisten kann. Die Pleite ist nahezu unumgänglich: Man erkundige sich bei den Bürgern von Barcelona oder Albertville. Aber kein Einspruch wird helfen, auch kein Hinweis auf die notorische Hochstapelei, die hier am Werk ist.

Zu oft mußte man aus Berlin diese „Begründung" für die Bewerbung hören: „Jetzt sind *wir* dran!" Das klang wie: Wir sind wieder wer! Die „Süddeutsche Zeitung" schrieb, „daß viele darin ein Wiedererwachen deutschen Machtanspruchs und deutschen Nationalismus sehen" (25. September 1993).

So war es. Und im Berliner Abgeordnetenhaus stimmten 162 Abgeordnete für und 40 gegen die Olympia-Bewerbung Berlins – bei zwei Enthaltungen.

Staat ohne Mitte

In der Zeit der Diktatur durch die Nationalsozialisten kämpfte der Bischof von Münster, Graf Galen, gegen den wider-christlichen Geist dieser Herrschaft. Er wies Rosenbergs „Mythos des zwanzigsten Jahrhunderts" scharf zurück und predigte 1941 gegen die Beseitigung „lebensunwerten Lebens", gegen die Vertreibung von Kreuzen und Klosterinsassen, gegen die Beschlagnahme kirchlicher Güter und gegen die Methoden der Gestapo. In unseren Kellern in Berlin vervielfältigten wir, Mitglieder der verbotenen katholischen Jugend, diese Texte, brachten die Kopien in Telefonzellen, warfen sie in Briefkästen und Hauseingänge.

Hier ist auch, stellvertretend für viele, ein ehrendes Gedenken an den evangelischen Landesbischof Wurm angebracht und der Kampf der „Bekennenden Kirche" mit hohem Respekt zu würdigen. Das war christlich begründeter Widerstand gegen Konzentrationslager, Judenverfolgung, Vernichtung „unwerten Lebens" und Kriegspolitik. Diese Haltung trug bei zum 20. Juli 1944.

Hitler mußte daraufhin manche seiner Vorhaben zurückziehen, zumindest abschwächen. Im Krieg auch noch Krieg mit den Kirchen? Dem wich er weitgehend aus.

Ich hätte nie gedacht, nochmal in meinem Leben gegen die Entfernung von Kreuzen aus Klassenzimmern mich wehren zu müssen. Mich beschwert auch, daß jetzt ein Kardinal Galen nicht in Erscheinung tritt.

Wir sahen bei der kritischen Rückschau auf die Weimarer Republik, daß die „Verfassung ohne Gott" in Gedanken und Gefühlen eine negative Rolle spielte, zur Ablehnung dieser Republik beitrug. So schrieben wir die „Verantwortung vor Gott und den Menschen" in die Präambel unseres Grundgesetzes. Das geschah mit Bedacht und in der Absicht, der Menschenwürde einen nicht-materiellen, transzendentalen Hintergrund und der Bundesrepublik Deutschland eine Mitte zu geben.

Der Liberale Theodor Heuss schlug vor, das Grundgesetz mit der „Verantwortung vor Gott und den Menschen" einzuleiten. Er traf ins Herz der Mehrheit des Parlamentarischen Rates. Dessen Mitglieder wollten nicht „von einer unbegrenzten und bedingungslosen Staats- und Volkssouveränität" ausgehen; sie wollten verbindlich deutlich machen, daß es „überstaatliche Normen" gebe, welche die Grenzen staatlicher Entscheidungsfunktionen bestimmen. Diese Normen seien der Verfassung ohnehin „immanent" – wie schon der Rang belegt, welchen das Grundgesetz den Menschenrechten einräumt.* Mit dem Hinweis auf Gott „weist der Verfassungsgeber über den Menschen hinaus".**

So mahnt auch Arnold Toynbee: Die Technik habe „uns bis an den Punkt gebracht, wo wir über ausreichende technische Möglichkeiten verfügen, die gesamte Menschheit vom Antlitz der Erde wegzuwischen. Diese Macht haben wir erlangt, bevor es uns gelungen ist, die Institution des Krieges abzuschaffen ... Den höheren Religionen ist die Menschheit zu großem Dank verpflichtet. Gelingt es uns, der Selbstvernichtung zu entrinnen, so werden wir das vornehmlich der Tatsache zu verdanken haben ... Der Mensch braucht Beistand; diesen

* So Bonner Kommentar zum Grundgesetz. Siehe auch: Rainer Barzel, „Souveränität und Freiheit", Köln 1950.

** So Behrent, „Gott im Grundgesetz", München 1980, S. 318.

Beistand bieten ihm die höheren Religionen, sonst niemand ... Was immer die Zukunft der höheren Religionen auch sein mag, man darf unterdes – ohne zu übertreiben – sagen, daß ihr bisheriger Einfluß auf die Geschichte der Menschen das Bedeutsamste ist, was sich in der Geschichte zugetragen hat."*

Das Bundesverfassungsgericht hat deshalb der Präambel des Grundgesetzes „politische Bedeutung" und „rechtliche Wirkung" zuerkannt.

Der Bezug auf Gott blieb im Grundgesetz, als unsere Verfassung wegen der Wiedervereinigung revidiert wurde. Anträge, diesen Grundsatz zu streichen, wurden debattiert und abgelehnt.

Durch sein Urteil vom 16. Mai 1995 verbannte das Bundesverfassungsgericht die Kreuze aus den Klassenzimmern: „Die Anbringung eines Kreuzes oder Kruzifixes in den Unterrichtsräumen einer staatlichen Pflichtschule verstößt gegen Artikel 4 Absatz 1 Grundgesetz." Das Anbringen von Kreuzen in Klassenzimmern überschreite die gebotene religiös-weltanschauliche Zurückhaltung in der staatlichen Pflichtschule. Am 5. November 1991 hatte „derselbe Senat dieselben Kläger in derselben Sache abgewiesen" (FAZ, 19. August 1995). Damals saß Roman Herzog vor ... Gleiches Recht für alle? Verlaß auf die Rechtsprechung?

Der Kirchenpräsident von Hessen und Nassau, Steinacker, nannte die Urteilsbegründung „in Teilen skandalös". Es liege nahe, beim Gericht „einen Mangel an Allgemeinbildung zu vermuten". Die Kultur der Toleranz sei in den westlichen Gesellschaften aus christlichen Wur-

* „Die höheren Religionen", in: Propyläen-Weltgeschichte, Band II/2, Berlin 1962, S. 622 ff.

zeln entstanden. So sei das Kreuz „Zeichen der Befreiung".

Maria Jepsen, Bischöfin in Hamburg, befürchtet „eine Art neuen Kirchenkampfes". Sie weist hin auf die Abschaffung des Buß- und Bettages, die Einschränkung des Verbotes für Sonntagsarbeit, die Entfernung der Kruzifixe, die Diskussion um die Kirchensteuer. Andere erinnern an Bismarcks Kulturkampf und Hitlers Kirchenverfolgung. Auf jeden Fall handele es sich um einen „Anschlag auf unsere Lebensart".

Kein Zweifel: Das Urteil gilt, und es ist zu respektieren. Jedoch: Die politischen Parteien könnten zum inneren Frieden beitragen. Es ist nach unserer Verfassung ihre Aufgabe, „bei der politischen Willensbildung des Volkes mitzuwirken" (Art. 21). Wer hindert sie, miteinander das Grundgesetz so zu ändern, daß Kreuze in Klassenzimmern, so gewünscht, bleiben können? Diese Rückkehr zur Toleranz täte allen wohl!

Keinem nützt es, wenn dieser Hader fortwirkt, gar zu parteipolitischem Schlagabtausch führt oder an die Wurzeln des Föderalismus geht. Wenn man wollte, sollte und könnte man einen solchen Akt der politischen Kultur zum Wohle Deutschlands herbeiführen.

Wer das Kreuz generell aus unserem öffentlichen Leben verbannen will, zerstört nicht nur eine gewachsene Struktur, eine bewährte Toleranz, sondern auch einen Hinweis darauf, daß, wer die Freiheit sichern will, „nach dem fragen muß, was mehr ist als der Mensch" (Thielicke).

*

Berlin gab sich am 13. Juli 1995 eine neue Verfassung – eine Verfassung, anders als das Grundgesetz, ohne den

Bezug auf die „Verantwortung vor Gott und den Menschen". In der neuen Verfassung des nun vereinigten Berlin fehlt die Berufung auf Gott. Im Artikel 10 wird „die sexuelle Identität" gewährleistet. Nicht nur Ehe und Familie haben nach Artikel 12 „Schutz vor Diskriminierung", sondern auch „andere auf Dauer angelegte Lebensgemeinschaften". Die Verfassung verfügt das „Recht auf Arbeit" (Art. 18), „auf Bildung" (Art. 20), „auf angemessenen Wohnraum" (Art. 28) – ohne zu sagen, wie das in einer freiheitlichen Ordnung durch den Staat realisiert werden soll und kann. Die „Umwelt" wird „unter den besonderen Schutz des Landes" gestellt, und „Tiere sind als Lebewesen zu achten" (Art. 31). „Die Beteiligung am Sport ist den Angehörigen aller Bevölkerungsgruppen zu ermöglichen" (Art. 32). Der Vorschlag, den „Schutz des Bürgers vor Kriminalität" als Staatsziel in die Verfassung aufzunehmen, fiel durch.

Das alles ist im Grundgesetz der Bundesrepublik Deutschland nicht zu finden. Eine Kampfansage? Eine Kampfansage!

Das Grundgesetz beginnt mit der Würde und den Grundrechten des Menschen. Die Berliner Verfassung beginnt mit der Definition Berlins – zwei Welten! Was bringt uns Berlin als Hauptstadt?

*

Die Berliner CDU stimmte dieser Verfassung zu. Und in der CDU des Bundes wurde ernsthaft erwogen, den Schutz „familiärer Verhältnisse" in das Grundsatz-Programm aufzunehmen.

Da wurde also die Familie – seit unvordenklichen Zeiten ein hohes Kulturgut der Welt – zum Adjektiv, zum schmückenden Beiwort degradiert. Die Keimzelle des Volkes wurde in die Beliebigkeit entlassen, sollte entlassen werden. Es gelang, das zu verhindern.

Ich will hier weder die Zitate der Dichter über den Rang der Familie bemühen noch die Statistiken der Soziologen zum Elendsgrund „zerrüttete Familie“ aussagen lassen. Wer sich umsieht im Lande, sieht mehr Not, als er aufnehmen kann. Und zu oft hängt sie mit dem Zerfall von Ehe und Familie zusammen.

Weil das so sei, müsse man das Recht dieser Realität anpassen? Wohin soll das führen?! Der Mensch, das Volk, der Staat brauchen Normen, die für alle gelten. Ohne Normen keine Gerechtigkeit, kein Schutz der Schwachen; auch: kein Staat. Und es gibt Normen, die aus sich heraus gelten, nicht erst staatlicher Verkündung bedürfen!

Wer Normen von den Launen des Zeitgeistes abhängig macht, sie der Demoskopie anpaßt, der zerstört – mutwillig oder aus Feigheit –, der läßt den Staat zum Anpassungs-Artisten degenerieren.

*

Nach der Niederlage Nazi-Deutschlands dachten viele, wohl die Mehrheit: Nie wieder einen Staat ohne, gar gegen die zehn Gebote Gottes.

Im nachbarlichen Brandenburg ist man dabei – entgegen dem Grundgesetz-Artikel 7 –, den Religionsunterricht als ordentliches Schulfach abzuschaffen. Da soll also statt Religion ein allgemeiner Weltanschauungs- oder Philosophie-Unterricht erteilt werden. Das bedeutet praktisch, daß der bekenntnisfreie, religiös und weltanschaulich neutrale Unterricht „nichts anderes ist als eine

‚verordnete Staatsreligion'". (FAZ, 29. März 1996) „L. E. R.", also „Lebensgestaltung, Ethik, Religionskunde" – so heißt dieses neue Fach für den Schulunterricht.

Die Berliner Schulsenatorin Frau Stahmer will diese Indoktrination auch für Berlin; sie will mehr Einfluß nehmen „auf das, was im Werteunterricht läuft". (FAZ, 24. April 1996)

Mir graut vor diesem Staatsverständnis! Ich habe solche staatliche „Einflußnahme" auf den Inhalt des Schulunterrichts leidvoll erfahren. Offenbar sterben Intoleranz und Bevormundung nicht aus: Das klingt nach verordneter Wahrheit und obrigkeits-staatlicher Restauration.

Inzwischen hat in Brandenburg der Unterricht im Pflichtfach LER begonnen. Der Direktor des Carl-Friedrich-Gauss-Gymnasiums in Frankfurt an der Oder, Wilhelm Weiß-Motz, berichtet von „ausschließlich guten Erfahrungen". Beim LER-Unterricht gehe es „um Lebensgestaltung, und das sei doch erheblich mehr als irgendein Religionsunterricht". (FAZ, 22. August 1996)

Der Mann offenbart, um was es geht: Der Staat maßt sich an, „Lebensgestaltung" beizubringen. Wo bleiben da Pluralität, weltanschauliche Neutralität des Staates und Vorrang für Gewissen, für Religions- und Meinungsfreiheit jedes einzelnen Staatsbürgers?

Frau Lang, eine LER-Lehrerin, schämt sich nicht, vom „Exotenstatus der wenigen christlichen Schüler" zu berichten! (ebenda) Ich habe einen solchen „Exotenstatus", nach dem Verbot meines Gymnasiums in eine andere Schule „versetzt", erdulden müssen. Sehe ich in dieser Parallele Gespenster? Leider nein!

In unseren Ländern kann man sich durch eine einfache schriftliche Erklärung ohne Begründung beim Klassenlehrer vom Religionsunterricht abmelden. In Brandenburg ist das anders: Paragraph 141 des dortigen Schulgesetzes erlaubt Befreiung vom LER-Unterricht nur, wenn ein wichtiger Grund dies rechtfertigt!

Zwang und Obrigkeitseinfluß werden deutlich. Und die Verantwortlichen in Bonn schweigen.

Wer die Kampagne zugunsten der Fusion der Länder Berlin und Brandenburg studiert und nach den Gründen für die Ablehnung forscht, wird nicht nur feststellen, wie weit der Arm der PDS noch (oder schon wieder) reicht, er wird auch nicht umhin können zu erkennen: Viele Menschen in Deutschland sind von der „inneren Einheit“ noch weit entfernt. Und: Der Geist, der im „neuen Preußen“ weht, ist ein anderer Geist als am Rhein, als an der Seine ...

„In Ostdeutschland erwarten 54 Prozent, in Westdeutschland 44 Prozent, daß sich in den neuen Bundesländern langfristig andere Wertesysteme durchsetzen.“ Das hat Frau Noelle-Neumann im April 1996 ermittelt. Wer dort denkt wie die Mehrheit der Bundesbürger in den „alten“ Ländern, ist in der Minderheit, ist oft politisch einsam (FAZ, 17. April 1996).

Deutschland verändert sich.

Wehrhafte Demokratie

Zu Zeiten der Großen Koalition, Anfang des Jahres 1968, erregten die „68er" das Land – manche mit Intelligenz, manche nur mit Fäusten, Steinen und Molotow-Cocktails. Eine Wochenzeitung fragte in ihrer Überschrift „Ist der Vietkong unter uns?" Von „Terror", „Aufruhr", „Rabaukentum" mußte man nicht nur lesen und hören, leider es auch vielfach so erfahren.

Bundeskanzler Kiesinger riet zu „Härte" und Demonstration staatlicher Autorität. Helmut Schmidt und ich, damals die Fraktionsvorsitzenden der Regierungs-Mehrheit, dachten und handelten anders. Wir führten eine Debatte im Deutschen Bundestag herbei, um feste Pflöcke einzurammen, welche Orientierung statt Aufgeregtheit bewirken sollten.

Aus dieser Debatte vom 9. Februar 1968:

Helmut Schmidt:

... Leute, welche die repräsentative Demokratie, die freiheitliche Gesellschaftsordnung zum Gegenstand des Hohnes und der Aggression machen, sich auf den gefährlichen Weg mancher begeben, die im Namen des Proletariats eine Diktatur über das Proletariat errichten, oder solche, die im Namen des Gemeinnutzes den Genuß der eigenen Macht über alles andere stellen ...

In der Demokratie setzt der Bürger seine Meinung durch, indem er diskutiert, indem er eigene Vorschläge macht, indem er für seine eigenen Vorstellungen wirbt – letztlich durch den Stimmzettel. Gewalt aber darf in unserem Staat ein Bürger nur anwenden im Falle der Notwehr. Von Notwehr, von Gefahr für Leib oder Leben, kann aber bei den so verschleppten Problemen der Universitätsreform überhaupt keine Rede sein . . .

Lassen Sie mich hinzufügen: Das gilt für alle Bürger im Lande. Wir, alle Bürger, müssen die Zivilcourage aufbringen, den Feinden der Demokratie auch persönlich entgegenzutreten.

Ein letztes Wort an diejenigen, die im Lande oder in den Städten oder an den Universitäten amtliche Verantwortung *tragen. Sie haben die Gesetze und das Recht zu wahren und dafür zu sorgen, daß, wer sich gegen das Recht vergeht, vor seinen Richter kommt, und daß, wer die Rechte anderer buchstäblich mit Füßen tritt und buchstäblich mit Steinen bewirft, daran gehindert wird, dies zu tun.*

Polizeibeamte haben ein Recht darauf, von ihren politischen Vorgesetzten klare Anweisung und klare Führung zu erhalten.

Über Autorität redet man nicht – schon gar nicht nachträglich – sondern man übt sie am Orte, wenn es noch Zeit ist, aus. Das gilt für uns alle.

Rainer Barzel:

. . . Wehret den Anfängen! Wir wünschen in unserem Lande niemanden darüber im unklaren zu lassen, daß wir diesen mühsam aus Krieg und Diktatur und Trümmern aufgebauten freiheitlichen sozialen Rechtsstaat mit aller Kraft verteidigen werden.

Die Feinde der Freiheit und die Feinde der Demokratie sind so stark, wie die Demokraten schlapp sind.

Ein studentischer Ulk ist es nicht mehr, wenn bewußt zerstört wird oder wenn Anleitungen zur Her-

stellung von Sprengsätzen à la Molotow-Cocktails gegeben werden. Das ist Terror. *Dies darf nicht sein. Dies werden wir nicht zulassen, meine Damen und Herren.*

Wir sollten alle großzügig sein, wenn irgendwo, wenn insbesondere junge Menschen über das Ziel hinausschießen. Wir sollten aber ebenso hart und unerbittlich sein, wo vorsätzlich geplant und präzis eine konzentrierte Terroraktion abläuft. Dies ist etwas anderes!

Ich darf aber als ein Mann der Kriegsgeneration daran erinnern, daß wir nicht nur autoritäre Strukturen aufspüren mußten, um sie theoretisch zu begreifen, sondern daß wir etwas anderes, nämlich Diktatur, *in der Wirklichkeit hatten. Weil wir das erfahren haben, werden wir das an Freiheit und Recht, was hier ist, verteidigen. Es ist zu mühsam Wirklichkeit geworden.*

Ich habe nicht vernommen, daß es eine solche Demonstration politischer Führung in den Tagen von Rostock bis Hannover in Bonn gegeben hätte. Auch als es um Kurden und Türken ging, wurde viel geredet und wenig gesagt, geschweige gehandelt. Wie in Berlin bei der Olympia-Bewerbung. Die parlamentarische Demokratie aber lebt vom Wort, dem *Taten* folgen.

Am besten von dem im Parlament gesprochenen Wort der Verantwortlichen. Und von der Tat des Staates, der das Monopol auf Gewalt hat.

Sozialordnung

Man diskutiert den „Industrie-Standort“ Deutschland. Diese Diskussion ist berechtigt und fordert Entscheidungen.

Für einige ist diese Debatte willkommener Anlaß, die Übertreibungen unseres sozialen Systems ins grelle Licht zu ziehen. Auch das muß sein – allerdings nur die Auswüchse, nicht die Grundlagen! Der soziale Konsens, Basis unseres wirtschaftlichen und politischen Erfolges, droht zu zerbrechen. Was die einen „Sparpaket“ nennen, bezeichnen andere als Weg zu einer „anderen Republik“.

Konrad Adenauer benannte das Arbeitsministerium 1957 um in „Bundesministerium für Arbeit und Sozialordnung“. Entsprechend erweiterte er den Auftrag. Er hatte begriffen, daß Sozialpolitik allein nicht genügt. Es ging mehr und mehr um Gesellschaftspolitik. Da waren Adenauer und Erhard durchaus derselben Meinung.

Sozial- und Gesellschaftspolitik tragen bei zur Produktivität, stabilisieren den freiheitlichen und sozialen Rechtsstaat. Hans Katzer, von Ludwig Erhard als Minister für Arbeit und Sozialordnung berufen, schrieb im Herbst 1975 in der Zeitschrift „Arbeit und Sozialpolitik“:

> *Wenn angesichts der öffentlichen Finanzlücken heute von den Grenzen des Sozialstaates die Rede ist, dann verbirgt sich dahinter immer noch ein Begriff von Sozialpolitik, der soziale Leistungen mit „unproduktiv“ und „Luxus“ assoziiert.*
>
> *Sozialpolitik ist, ganz abgesehen von ihrem unmittelbaren menschlichen Nutzen, durchaus produktiver*

gesamtwirtschaftlicher Gestaltung fähig, genauso wie jede wirtschaftspolitische Maßnahme. Die sozialen Ausgaben des Staates – auch die konsumtiven – sind gesellschaftspolitisch gesehen keine Belastung der Wirtschaft. Sie sind notwendige Bestandteile der sozialen Infrastruktur unserer Gesellschaft und sichern das langfristige wirtschaftliche Wachstum.

Ohne diese sozialen „Vorleistungen der Gesellschaft" könnte die Wirtschaft nur unter erschwerten Bedingungen produzieren.

Es war „seelische *Entproletarisierung*" (so der katholische Moraltheologe Johannes Messner), den Arbeiter im Krankheitsfall mit dem Angestellten gleichzustellen. Natürlich wird das auch mißbraucht, aber doch nicht generell! Hier muß man Töne hören, die an Kaltschnäuzigkeit nicht zu überbieten sind. Die Verantwortlichen sollten – bei leeren Kassen – öffentlich zeigen, daß gerade diese Einschnitte ins soziale Netz auch ihnen weh tun, daß es ihnen leid tut, diese Leistungen herabsetzen zu müssen. Aber einige erwecken den Eindruck, als hätten sie nur auf die finanzielle Enge gewartet, um endlich diesem von ihnen als überflüssig angesehenen Kropf den Garaus zu machen.

Die Gleichstellung der Arbeiter mit den Angestellten und Beamten im Krankheitsfall – die sogenannte Lohnfortzahlung – wurde, als man sie beschloß, zu Recht als „historisch" bezeichnet, auch so gefeiert.

Natürlich ging und geht es dabei auch um Geld. Doch es ging und geht um mehr: um menschliche Würde. Durch die Gleichstellung im Krankheitsfall empfanden sich viele Arbeiter nicht mehr als degradiert gegenüber den Angestellten und Beamten, die ihren Lohn oder ihr

Gehalt im Krankheitsfalle ungeschmälert weiter erhielten – nicht mehr als „Menschen zweiter Klasse", sondern als ebenbürtig, gleichwertig.

Die Lohnfortzahlung ist ein zentraler Punkt unserer Sozialordnung. Mit ihr verhält es sich wie mit der Mitbestimmung. Sie machte aus dem Arbeiter als Objekt des wirtschaftlichen und sozialen Geschehens ein Subjekt – einen Mithandelnden, einen Mitverantwortlichen. Unsere Politik und unsere Gesellschaft machten aus der „Arbeiterklasse" und aus „Proleten" ebenbürtige, geachtete Mit-Bürger. Es ging und geht nicht nur um rechtliche Anerkennung, um finanzielle Angleichung, es geht zuerst um „seelische Entproletarisierung".

Diesen zentralen, historischen Punkt hat man in Bonn – mit dem auf Geld und Kosten verengten Blick – übersehen, hintangesetzt, vergessen. Und damit Mitbürger in ihrer Würde herabgesetzt. Deshalb werden viele Arbeiter wütend, weil sie sich erneut herab- und hintangesetzt, einfach schlecht behandelt fühlen.

In vielen von ihnen wächst der Zweifel an der Demokratie: Als Wähler – und Steuerzahler – gleich, aber im sozialen Alltag zweiter Klasse?

Was da geschieht, geht unter die Haut, tut weh. Es wirkt nach. Wir alle werden die Zeche zahlen für dieses eiskalte Unverständnis.

Deutschland wurde groß auch durch sozialen Konsens und ein beispielhaftes soziales Klima. Wenn das bröckelt, werden wir alle kleiner und ärmer.

*

Zur Mahnung: Am 24. November 1945 sprach in den Trümmern Düsseldorfs Karl Arnold, der spätere Ministerpräsident des Landes Nordrhein-Westfalen. Er betonte:

... Die Stellung und der Standort des Arbeiters im Ordnungsbild von gestern wird von diesem als nicht stimmend, als unwahr empfunden. Er sieht sich seit dem vorigen Jahrhundert zurückgestoßen in seiner Ehre und Würde, in seinem Leben und in seiner Freiheit, in seinem Wert und in seinem Menschsein; er fühlt sich als Ware verkauft und so behandelt. Er sah, wie gering sein Lohn war gegenüber den Gütern, die er schaffte, er sah sich abgeriegelt vom geistigen Lebenslauf der Gesellschaft und Kultur. Und diese von ihm sich abgesonderte Umwelt nannte sich „Ordnung", „gesetzliche" Ordnung. Bei diesem langjährigen Erlebnis ist ihm intuitiv klar geworden, daß das nicht stimmen, nicht Wahrheit und nicht Ordnung aus schöpferischem Sinn sein kann. In dieser gesellschaftlichen Vereinsamung hat sich in jahrzehntelanger Bedrängnis eine Arbeiterpsyche gebildet ...

Er konkretisierte am 4. Juni 1950 in Essen:

... das Mitbestimmungsrecht ist in seiner gesellschaftspolitischen Wirkung die Garantie der Sicherheit, daß sich in unserem Volk das bürgerliche Element in Freiheit und eigener Schaffenskraft überhaupt erhalten und entfalten kann. Die Herausbildung eines neuen Persönlichkeitsbegriffes, der die Werte der individuellen Freiheit und Verantwortung in sich schließt, ist ein entscheidender Programmpunkt unserer politischen Gemeinschaft.

Die Verwirklichung dieses Programmsatzes bedeu-

tet die Durchführung der Entproletarisierung. Die Entproletarisierung, d. h. die soziale und seelische Wiedergesundung großer Teile unseres Volkes bedeutet die Übertragung von selbständigen Verantwortungen. Aus der gesteigerten Verantwortung des Einzelnen gegenüber Betrieb und Betriebsgemeinschaft erwachsen echte seelische Kräfte, die den Prozeß der Entproletarisierung positiv beeinflussen, die soziale Sicherheit in Betrieb und Wirtschaft fördern und die außerdem in der Lage sind, zwischen Arbeitgebern und Arbeitnehmern eine Gemeinschaft zu formen, die auf der Grundlage der Gleichberechtigung der beiden Sozialpartner beruht …

*

Von dieser Gesinnung, von diesem Geist ist kaum noch etwas wahrzunehmen!

Würfen wir die Arbeiter wieder in jene „gesellschaftliche Vereinsamung" zurück, die soziale Qualität des „Standortes Deutschland" würde zerbröseln. Das ginge auch zu Lasten der Produktivität und Leistung.

Arbeiter finden wieder zur Gewerkschaft. Warum? Weil sie ihre erneute Hintansetzung spüren und der neuen „Vereinsamung" entgehen wollen.

Wo bleibt die Debatte über den „Sozialstandort Deutschland"? Die über den „Kulturstandort"? Die über die politische Kultur? Über die „Zukunft mit menschlichem Antlitz"?

Deutschland verändert sich auch durch betonte Einengung auf das Materielle. Verantwortliche meinten, die DM werde die Dinge in der alten DDR schon richten. Sie sprachen mehr vom Geld als von der Freiheit – und von

Nation war bemerkenswert wenig zu hören. Das Gleiche gilt von der „Christlichen Soziallehre", von dem „humanen" Gehalt der Sozialen Marktwirtschaft (Müller-Armack) und von ihren rechtsstaatlichen Voraussetzungen. Diese Gedanken legten den Grund für den Neuanfang und den Neuaufbau nach dem verlorenen Krieg.

Wenn alle diese geistig-politischen Impulse ausbleiben, wird es kalt und leer werden im Vaterland. Dann wird die Befürchtung, die ich vor zwanzig Jahren in meinem Buch „Es ist noch nicht zu spät"* aussprach, mehr und mehr zur Wirklichkeit werden:

> *Ich habe die Sorge, daß der Staat immer schwächer wird und bestimmte gesellschaftliche Gruppen immer stärker werden. Ich habe die Sorge, daß im Leben der Menschen aggressiver Egoismus statt Toleranz und Rücksicht, daß im Leben der Staaten ein „halbstarker" Nationalismus immer bestimmender wird. Ich habe die Sorge, daß die Lautstarken eher zur Befriedigung ihrer Ansprüche kommen als Schwache zu ihrem Recht. Ich habe die Sorge, daß manche „Ordnung" rufen, ohne die Garantie der Freiheit zu meinen. Ich habe die Sorge, daß Rücksichtslosigkeit – in der Gesellschaft, im Staat, in Europa, in der Welt – um sich greift. Das ertrüge der freiheitliche und soziale Rechtsstaat nicht. Er muß sich wehren, bevor es zu spät ist.*

Ich kann nicht übersehen, daß Rücksichtslosigkeit um sich greift. Dabei ist die Rücksicht auf das Recht des anderen die Bedingung des Friedens im Innern und nach draußen (so der mexikanische Staatsmann Benito Juarez).

* München 1976.

In meiner Abschiedsrede vor dem Deutschen Bundestag am 10. September 1986 habe ich in ähnlichem Sinne gesprochen und meine Besorgnis geäußert:

> *... Natürlich gibt es europäische Interessen, die anders sind als die der USA und umgekehrt. Aber auch diese Interessen gehen beide Seiten an; denn die freie Welt sitzt zunächst in einem Boot, und nur wenn das seetüchtig ist, wird keiner untergehen. Es ist so provinziell wie unverantwortlich, bei dieser Lage Politik als Trockentraining fernab ihren realen Bedingungen und gegebenen Verhältnissen zu betreiben. Wir leben in diesem Boot des gemeinsamen Schicksals und nicht auf einer Insel im Jenseits unserer Wirklichkeit.*
>
> *... würden wir den Blick verengen und wieder hemdsärmelig werden, so würden wir das zerstören, was die weisen Männer, die nach dem Zweiten Weltkrieg die Ordnung der freien Welt schufen, aufgebaut haben. Die hatten zwei Kriege erlebt und machten nicht mehr den Unsinn wie nach dem Ersten Weltkrieg, sondern sie gaben uns die Hand und lehrten uns, daß Rücksicht auf den anderen und Nachbarlichkeit miteinander das bessere Rezept sind. Ich fürchte manchmal, daß Hemdsärmeligkeit wieder ausbricht, und die könnte zerstören, was uns über vierzig Jahre so geholfen hat.*

Heute füge ich hinzu: Selbstverwirklichung ist ein berechtigter Anspruch eines jeden Menschen. Aber sie ist nicht alles: Es gibt den Nachbarn, den Nächsten, die Familie, das Volk und das Vaterland. Sie schaffen mit an der Möglichkeit, daß ich mich selbst verwirklichen kann und darf. Sie haben deshalb Ansprüche an mich, die gewissenhaft zu erfüllen zu meinen Menschen-Pflichten gehört. Ja, es gibt nicht nur Menschenrechte, sondern auch Menschenpflichten!

Ludwig Erhard betonte in seiner grundlegenden Rede am 25. Februar 1949 im Adam-Stegerwald-Haus in Königswinter vor dem „Zonen-Ausschuß der CDU der britischen Besatzungszone“: „Die Wirtschaft ist nur ein Mittel zum Zweck zur Erreichung eines höheren Zieles, das im Ethischen liegt.“ Und als Kanzler schrieb er in seinem berühmten „Brief an eine Oberprima“: „Wohlstand ist eine Grundlage, also kein Leitbild für die Lebensgestaltung.“

Ludwig Erhard kämpfte damals so für seine „Soziale Marktwirtschaft“. Er faßte seinen Kampf auf als Ringen gegen „geistige Unfreiheit“, „Intoleranz“, „Tyrannei“, gegen die „Knute und Fron der Bürokratie“, gegen „Zwangsjacken“. Er plädierte für seine Soziale Marktwirtschaft, in der sich „das Prinzip der Freiheit auf dem Markt mit dem des sozialen Ausgleichs innerhalb einer vom Staat gesetzten und gesicherten Rechtsordnung“ vereinigt. Ihm ging es nicht um Geld, ihm ging es um Freiheit und Gesinnung und Demokratie. Sein Mitarbeiter Franz Böhm betonte: „Der Wettbewerb ist das genialste Kontrollinstrument der Geschichte.“ Und Müller-Armack weigerte sich, alles auf ein irdisches Endziel „vorzuprogrammieren“ oder zu übersehen, daß das Ringen auf dem Markt Ausgleich bewirke, daß nicht nur einer da sei, daß keiner befehle, daß mehrere am Werk sind und der Bürger den Zuschlag gibt.

Es täte uns allen und dem Vaterland gut, wenn unsere Streitereien, die sein müssen, getragen wären von dem Geist, den ich hier mit wenigen Strichen in Erinnerung rufe. Es lohnt.

Im Konrad-Adenauer-Haus der CDU zu Köln hing – unübersehbar für jeden Besucher – der „Ruf zur Sammlung des deutschen Volkes“, ein Gründungsaufruf der CDU vom Juni 1945. Da heißt es:

„Unsere Jugend soll wieder lernen, daß nicht Macht, sondern Geist die Ehre Deutschlands vor der Welt ausmacht.“

Es tut not, daran zu erinnern – und dabei nicht nur an die jungen Menschen zu denken.

Deutschland verändert sich. Pate unserer früheren Erfolge sind die Zwillinge Soziale Marktwirtschaft und Soziale Partnerschaft. Wer spricht noch von beiden?! Wo ist die Debatte über die Zukunft unseres freiheitlichen und sozialen Rechtsstaates geblieben?

Der soziale Konsens – einschließlich Mitbestimmung und Tarifvertragshoheit der Sozial-Partner wie der Selbstverwaltung der Sozialversicherung – bröckelt und beginnt zu zerbrechen. Das geht an die Fundamente unserer Republik.

Im Oktober 1971 kämpften Helmut Kohl und ich auf dem Parteitag der CDU in Saarbrücken um den Parteivorsitz. Kohl verlor. Ich gewann (344 : 174 Stimmen).

Ich warb für diese Politik:

Fortschritt ist da, wo die Menschenrechte und ihre gesellschaftliche Basis mehr zur Alltagswirklichkeit werden. Für uns ist Rückschritt da, wo Menschenrechte nicht gelten, wo sich Strukturen etablieren, welche ihre wirksame Entfaltung hemmen oder unterdrücken. Deshalb ist für uns Kommunismus reaktionär. So ist, nächst der Sicherung der äußeren Freiheit, Gesellschaftspolitik der Kern unserer Politik. Wir wissen, daß in diesem Bereich die Basis der Menschenrechte ent-

schieden wird, daß in diesem Bereich der Kampf zwischen Demokratie und linker oder rechter Diktatur ebenso entschieden wird wie Entfaltung und Beständigkeit unserer auf Freiheit und Recht, auf Humanität und Toleranz gegründeten Gesellschaft.

Wir sagen deswegen auch heute Ja zur Leistungsgesellschaft. Wir sagen auch jungen Menschen: Ohne Leistung geht es eben nicht. Deshalb dürfen weder die Rentenpolitik noch die Steuerpolitik durch Nivellierung die bestrafen, denen die Gesellschaft wegen ihrer Leistung Besonderes verdankt.

Wir haben die Prinzipien und die Praxis der Sozialen Marktwirtschaft ebenso wie die der Sozialen Partnerschaft entwickelt. Beides gehört zusammen, und beides gehört zu den bleibenden Grundentscheidungen der Union, die keiner hier in Frage stellt!

Wer denkt wie wir, der kann nicht und der wird nie gegen Privateigentum, gegen Unternehmerinitiative, gegen Gewinn und Wettbewerb sein; der kann und wird aber ebensowenig je gegen Gewerkschaften oder gegen funktionsgerechte Mitbestimmung sein können. Auch dies gehört zusammen.

Nun wissen wir, daß unsere Ordnung nur Bestand haben wird, wenn wir in den zwei Bereichen einen besonderen Schwerpunkt setzen, für die wir bereits Markenzeichen geprägt haben, und zwar die Markenzeichen „Eigentum für jeden" und „Aufstieg durch Bildung".

Täuschen wir uns nicht! Nur wenn es in den beiden Bereichen weitergeht, werden wir die Menschenrechte und ihre soziale Basis – und das heißt: eine freie Gesellschaft und einen freiheitlichen Rechtsstaat – behalten können. Deshalb sind diese beiden Prioritäten nicht zufällig gefunden, nicht der Demoskopie entnommen oder eine Modetorheit, sondern sie entsprechen unserem Programm und der Erkenntnis dessen, was jetzt notwendig ist.

Deshalb sage ich auf die Frage nach unseren Prioritäten: Sie heißen Sicherheit, Europa, Bildung, Eigentum; und diese Prioritäten entsprechen unserem Programm.

Wir glauben nicht, daß sich Autorität automatisch aus Positionen ergibt, sondern daß sie sich auszuweisen und erst zu bilden und zu bestätigen hat durch die Art, den Inhalt und die Ziele, für die Positionen in Anspruch genommen werden – ob wir nun Minister oder Abgeordneter, ob wir Professor, Lehrer oder Gewerkschaftssekretär sind.

Freuen wir uns also als Demokraten, wenn junge Menschen kritisch sind. Werden wir nicht ungeduldig, seien wir stolz, daß sie – auch durch unsere Politik – in einer freiheitlichen und sozialen Wirklichkeit heranwachsen, welche allen anderen Generationen bisher nicht gegeben war!

Nur wer die geistige Führung gewinnt, wird die politische dazubekommen.

Ich sprach dann vom „Sozialen Wohnungsbau", vom „Eigenheim", von „Sparförderung", „sozialer Privatisierung", „Belegschaftsaktien", „Investmentzertifikaten", „breiter Beteiligung am Produktivvermögen", vom „Beteiligungslohn", von „Arbeits- und Berufsförderung", ich betonte, „daß für uns Bildung nicht nur ein Problem der Universität ist". Und weiter:

... Wenn wir uns auf die Notwendigkeit besinnen, den vergangenheitsbezogenen Subventionen ans Leder

zu gehen, wie uns auch auf die mit Erfolg erprobten Möglichkeiten besinnen, durch eine Mischung von Privatinitiative, steuerlichem Anreiz und gerechter Hilfe zu finanzieren, dann wird es möglich sein, sich in den drängenden Fragen nicht nur vor großen Zahlen erschrecken zu müssen. Das haben wir auch nicht getan, als es um den Wiederaufbau ging. Ich nenne hier die Lage der sozialen Dienste, des Umweltschutzes, der Technologie und der Forschung, der Stadterneuerung, der Gesundheitspolitik und der Energiepolitik. Dies alles wird schrittweise und nach einem Dringlichkeitskatalog, der mit dem Möglichen übereinstimmt, zu lösen sein.

Die Marksteine unseres zukünftigen Weges heißen nicht Gefälligkeit, sondern Anstrengung, nicht allen alles versprechen, sondern von jedem das Zumutbare fordern. Niemals dürfen wir aus der Furcht vor dem Entweder-Oder in das unverbindliche Sowohl-Als-auch flüchten. Nein, was not tut, sind Klarheit, Entschiedenheit, Offenheit und Prinzipientreue.

Unsere Wirtschaftskraft wird nicht stärker und unsere Finanzkraft auch nicht. Ich sage hier mit großem Bedacht: In der Mitte der 70er Jahre werden wir für alle jetzt unterlassenen Investitionen ebenso wie für alle jetzt falsch gestellten Weichen teuer zu bezahlen haben. Wir waren gut beraten, daß im Jahre 1969 unser erster Vorwurf an den frisch gewählten Kanzler Brandt hieß, er mache es sich zu billig, denn das, was not täte, seien nicht Geschenke, sondern Anstrengungen. Er tat das Gegenteil.

Es wäre falsch, und es wäre unaufrichtig, nicht ganz offen von dem zu sprechen, was viele, wieder über un-

sere Wähler hinaus, sehr ernsthaft mit Sorgen erfüllt, die ich teile. Ich bin besorgt um unsere Gemeinwesen, weil ich, nicht nur vereinzelt, Zeichen schwindender staatlicher Autorität und abnehmender Bereitschaft zu Rücksicht und Pflichten in der Gesellschaft sehe. Eine freie Gesellschaft wie die unsere und ein demokratischer Staat wie der unsere haben zum Lebensprinzip die vernünftige Einsicht aller, daß es ohne Rücksicht auf den anderen und das Ganze, daß es ohne Pflichten – und zwar nicht nur materielle –, daß es ohne Herrschaft des Rechts auf die Dauer weder Freiheit noch Rechte des einzelnen gibt.

Mich rührt es an, hier – zustimmend – Daniel Cohn-Bendit zitieren zu müssen, der unmißverständlich und präzise festhielt:

> *Wer sich der Frage der Souveränität der Europäischen Union in einem Verfassungsrahmen entzieht, wer sich der Frage der ökologischen Relevanz entzieht, wer sich sogar der Frage der demokratischen Verfaßtheit der Europäischen Union entzieht und nur eine Wohlstandsfestung vor Augen hat, wird an den Aufgaben des nächsten Jahrhunderts scheitern.* („Der Spiegel" 44, 1996)

*

Zur Stabilität der Bundesrepublik Deutschland haben *die Kirchen und die Gewerkschaften* wesentlich beigetragen. Sie wirkten erfolgreich mit an der Gestaltung unseres freiheitlichen und sozialen Rechtsstaates.

Es ist nicht zu übersehen, daß die Anziehungskraft sowohl der Kirchen wie der Gewerkschaften abnimmt. Der Kirchenbesuch geht weiterhin zurück. Die Zahl der Austritte aus der Kirche steigt an. Die Bereitschaft zur Taufe nimmt ab.

Die evangelische Kirche Deutschlands hatte Ende 1994 28 197 000 Mitglieder. Die Statistik verzeichnete 290 302 Austritte aus der Kirche. Am Karfreitag des Jahres 1994 besuchten 1 326 607 Gläubige den Gottesdienst, am Heiligen Abend 8 832 368.

Die katholische Kirche hatte Ende 1994 27 909 287 Mitglieder, 5 361 256 Kirchenbesucher und 155 797 Austritte. Die Zahl der Neupriester stagniert (1995: 237). Die katholischen Schulen erfreuen sich wachsender Beliebtheit, die Zahl der Schüler steigt an (plus 8 Prozent 1994 zu 1993).

Die Mitgliederzahlen der Gewerkschaften sinken. Nur noch ca. 25 Prozent der Arbeiter und Angestellten sind gewerkschaftlich organisiert. Der Deutsche Gewerkschaftsbund hatte Ende 1995 9 354 670 Mitglieder. Er verlor in diesem Jahr 413 703 Mitglieder. Hier ist zu beachten, daß sich die Zahl der Arbeitsplätze erheblich verringert hat.

So finden die Ansprüche, die Kirchen und Gewerkschaften an den Staat und an die Öffentlichkeit stellen, immer weniger Gehör und Echo. Es ist nicht ersichtlich, wer an die Stelle dieser wichtigen Säulen unserer inneren Ordnung tritt oder treten wird.

Es kommt hinzu, daß die Kirchen in der früheren DDR zwar eine beachtenswerte Rolle gespielt haben, in der Bevölkerung aber von Kirchlichkeit und Christlichkeit wenig zu spüren ist. Die DDR war ein aggressiv-atheistischer Staat. Das hinterließ unübersehbare Spuren. Nur ein geringer Prozentsatz der Bevölkerung in den

„neuen Ländern“ ist getauft. Die atheistische „Jugendweihe“ findet immer noch Zulauf.

Alexis de Tocqueville mahnte: Man könne die Herrschaft der Freiheit nicht sichern ohne die der Sitten – und diese nicht ohne den Glauben. Wir lasen die Mahnungen Konrad Adenauers und die Einsicht von Arnold Toynbee.

Es ist nicht zu bestreiten: Deutschland verändert sich. Auch in seiner geistigen und geistlichen Substanz!

*

Das zeigt sich auch daran, daß wir an unserer *Sprache* basteln und eine neue Rechtschreibung einführen. Die Gefahr einer Nivellierung nach unten ist offenkundig:

Welchen Sinn es macht, in dieser wechselvollen Zeit auch noch durch Rechtschreib-Reformen an unserer Sprache herumzumanipulieren, vermag ich nicht einzusehen. Mit Recht protestieren Schriftsteller.

Lohnt der Wechsel von – zum Beispiel – *plazieren* zu *platzieren,* von *Schenke* zu *Schänke,* von *Tolpatsch* zu *Tollpatsch,* wirklich den Aufwand? Gar der Wechsel von *Flußsand* zu *Flusssand,* von *Ballettänzer* zu *Balletttänzer?*

Unsere Sprache gehört unserem Volk. Der deutsche Bundestag hat das Recht und die Pflicht, für das deutsche Volk zu sprechen. Er sollte diese Sache in die Hand nehmen und die Reform wegen Überflüssigkeit und zu hohem Aufwand zurückweisen.

Sie ist „eine erklärte Anpassung nach unten“ (Siegfried Lenz).

Ehe, Familie, Singles

Es bleibt uns nicht erspart, auch aus der Bevölkerungsstatistik Veränderungen in Deutschland zu erkennen:

Im Jahr 1950 waren wir 68 Millionen Deutsche, im Jahr 1980 78 Millionen, und Ende des Jahres 1995 sind wir 81 Millionen, davon 66 Millionen im früheren Bundesgebiet und 15 Millionen in den neuen Ländern und Berlin-Ost.

Im Jahr 1950 standen 750 452 Eheschließungen 134 600 Ehescheidungen gegenüber. 1994 meldet die Statistik 440 244 Eheschließungen und 166 052 Ehescheidungen.

Im Jahr 1950 kamen 1 116 701 lebend geborene deutsche Kinder zur Welt, davon 117 934 nicht-ehelich. Es verstarben 748 320 Deutsche.

Für das Jahr 1995 wird gemeldet: 765 221 Lebendgeborene, davon 122 876 nicht-ehelich, Gestorbene: 884 588.

Auch die Zunahme der „Singles“ markiert eine wesentliche Veränderung unserer Gesellschaft: 1950 wird als „Anteil der Einpersonenhaushalte an den Haushalten insgesamt“ gemeldet: 19,4 Prozent. 1993 lautet diese Auskunft der Statistik: 35,3 Prozent. 1950 gab es 3,2 Mio. Einpersonenhaushalte, die Zahl stieg auf 12,3 Mio. im Jahre 1993. Nur Dänemark (mit 15,4 Prozent) übertrifft uns hier in der europäischen Statistik.

Im Jahr 1961 lebten 686,2 Ausländer in Deutschland (West), im Jahr 1994 im wiedervereinigten Deutschland 6,9 Millionen.

Aus einer Studie des Bundesministeriums für Familie, Senioren, Frauen und Jugend vom November 1995:

... Rund 17 Prozent aller Familien mit minderjährigen Kindern sind Familien von alleinstehenden Eltern; in den neuen Bundesländern machen sie fast ein Viertel aus. Besonders die jungen Mütter sind dort häufig nicht verheiratet. So waren von den Müttern unter 25 Jahren im Osten Deutschlands 42,4 Prozent noch ledig, verglichen mit nur 15,1 Prozent im Westen. Viele der anfangs noch ledigen Mütter heirateten aber den Vater ihres gemeinsamen Kindes einige Zeit nach Beginn der Mutter- bzw. Elternschaft.

Ursächliches Ereignis für das Entstehen von Familien mit alleinstehenden Müttern und Vätern ist immer seltener die Verwitwung und immer öfter das Scheitern von Ehen und die nichteheliche Geburt von Kindern. 1970 waren im früheren Bundesgebiet noch vier von zehn alleinstehenden Müttern mit minderjährigen Kindern verwitwet, 1993 nurmehr eine von zehn. In dieser Zeit hat sich der Anteil der Geschiedenen und verheiratet Getrenntlebenden von 45 auf 59 Prozent erhöht und der der ledigen Mütter von 15,5 auf 31 Prozent verdoppelt.

Von den Familien mit minderjährigen Kindern hat die Mehrzahl der Alleinstehenden nur ein einziges Kind (1993: jeweils rund 70 Prozent in beiden Teilen Deutschlands). Denn ledige Elternschaft ist meist nur eine temporäre Phase zu Beginn der Familienentwicklung; und das Scheitern einer Ehe oder unverheirateten Partnerschaft führt dazu, daß die Geburt weiterer Kinder ausfällt oder sich zumindest verzögert. Zusammenlebende Ehepaare haben hingegen meistens mehrere Kinder im Haushalt: 1993 hatten 53 Prozent mindestens zwei, 13,6 Prozent im Westen und 8,5 Prozent im Osten mindestens drei Kinder.

Abhängigkeiten

Für unsere Arbeitsplätze und unsere Wirtschaftskraft spielen die deutschen Exporte eine herausragende Rolle. Unser Export hat einen Anteil von 21,5 Prozent am Bruttosozialprodukt. Wir sind die Nummer 2 im Welthandel.

Jeder 5. Arbeitsplatz in Deutschland ist abhängig vom Export. Fast 60 Prozent der Waren und Dienstleistungen Deutschlands gehen in die Europäische Union. Die Geschicke unseres Landes sind auch wirtschaftlich eingebettet in die der Welt.

Diese wenigen Zahlen und Tatsachen sprechen eine eindeutige Sprache, zwingen auch den Einfältigsten zu erkennen: Deutschland kann sich Nationalismus und Abkehr vom Schicksal der Nachbarn und der Welt um uns existentiell nicht leisten.

Der auf den eigenen Bauchnabel verengte Blick der Deutschen schadet. Wir leben auch von der Anerkennung und dem Respekt, den uns die Nachbarn wie die Welt zollen. Deutschland ist so stark wie das Vertrauen, das uns unsere politische, soziale und wirtschaftliche Umwelt entgegenbringt. Nachbarlich muß man sich nicht nur ertragen, sondern einander – zum eigenen Wohlbefinden – auch tragen.

Wir können uns für so vorzüglich halten, wie wir mögen. Wir können auch so vorzüglich sein, wie wir zu sein meinen. Unser Erfolg hängt davon nicht ab. Ob wir es mögen oder nicht: Unser Erfolg hängt entscheidend davon ab, ob und wie sehr unsere Nachbarn uns mögen. Das gilt nicht nur für die Qualität der deutschen Waren auf dem Weltmarkt! Jedes lautstarke Gehabe macht uns kleiner. Wir müssen klar erkennen: Deutsche Außenpolitik bestimmt mit über unseren innenpolitischen Erfolg oder Mißerfolg.

Unsere Probleme in der Mitte Europas sind nicht nur die vielen offenen Grenzen rundum. Es sind zunächst die Ansichten, Einsichten, Gefühle der Völker um uns herum.

Wer es gut meint mit Deutschland, darf kein Nationalist sein. Unser Land ist so groß, wie seine Bescheidenheit und seine Verläßlichkeit Vertrauen erwecken.

Unseren Export, der für uns so wichtig ist, betreibt nicht der Staat. Unsere Wirtschaftsunternehmen tummeln sich auf dem Weltmarkt. Sie nehmen Geld auch im Ausland auf, gründen Unternehmen „in aller Welt", kennen genau die Regeln und Platzvorteile, die sie in den anderen Staaten fördern oder hemmen.

Das bewirkt: Die Politik der Bundesrepublik Deutschland bestimmt immer weniger die Rahmenbedingungen für die deutsche Wirtschaft. So sinkt auch das Interesse vieler in der Wirtschaft an dem, was Bonn oder Berlin tut.

In der Welt zu Hause, glauben manche Unternehmer, weder den Nationalstaat noch die Europäische Union künftig noch wirklich zu brauchen. Sie denken und handeln zunehmend „global". Nur der „Wirtschaftsstandort Deutschland" – Voraussetzung ihres ungehinderten Wirkens in der Welt – interessiert sie. Im übrigen schätzen sie den frischen Wind der weiten Welt.

Manche verdienen draußen mehr Geld als drinnen. Die Tendenz steigt, weniger zu exportieren, als da in aller Welt zu produzieren, wo die günstigsten Voraussetzungen gegeben sind. Waren tragen heute eher den Stempel ihrer Firma („made by Siemens") als das „made in Germany" von früher. „Ein Graben öffnet sich zwischen den Konzernen, die weltweit planen, und den Regierungen, die das Wohl ihres Landes im Auge haben." („Der Spiegel", 39/96, S. 81)

Ländergrenzen schrumpfen heute oftmals zur Bedeutungslosigkeit. Der Einfluß nationaler Kartellämter schwindet. Nächst Arbeit und Kapital wird Wissen ein immer wichtigerer Produktionsfaktor. Wir Deutschen investieren mehr im Ausland, als umgekehrt Ausländer bei uns investieren.

Wir sind auf dem Weg zu einer Informations- und High-Tech-Gesellschaft, investieren aber zuwenig in diese Zukunft.

Wir haben nicht nur Arbeitslose, wir sind auch manche Arbeit los, die nun andere nicht schlechter, aber billiger machen.

Das Parlament sollte, statt parteiisch zu streiten, diese Grundfragen debattieren und die Regierung antreiben, zu führen und zu handeln.

Dazu gehört als wichtigste Voraussetzung der Dialog zwischen der Regierung und den Unternehmen.

Nach einem gängigen Ausspruch beruht Demokratie auf Höflichkeit und Vertrauen. Wie soll beides entstehen und wachsen, wenn in der politischen Führung Wortbruch zur Mode und wie ein Kavaliersdelikt behandelt wird?

Der Bundesrat mit seinen wohltönenden Ministerpräsidenten beschloß, daß für ihn Bonn Hauptstadt bleiben sollte. Wenige Jahre später hieß es: April! April! Wir gehen doch nach Berlin!

Auch das Drama mit dem Solidaritätszuschlag ist wohl noch in Erinnerung. Man beschloß, versprach und verkündete immer wieder etwas anderes. Man nahm Beschlüsse zurück, weil in der Koalition die „Machtfrage" gestellt wurde.

Zur Kindergelderhöhung hieß es erst ja, dann nein, dann wieder ja. – Wie soll denn der Bürger Vertrauen gewinnen? Wie wirtschaftlich planen können? Der „Standort Deutschland“ braucht Klarheit und Verläßlichkeit!

Die gegenwärtige politische Führung kam durch ein konstruktives Mißtrauensvotum an die Macht. Sie erhob Anspruch auf geistig-politische Führung. Doch die sucht man vergeblich.

Deutschland – im Jahr 1992 auf dem vierten Platz in der Rangfolge der größten Volkswirtschaften der Welt – wird nach internationalen Prognosen im Jahr 2020 auf den sechsten Platz abgerutscht sein.

II

Die Partei des demokratischen Sozialismus (PDS)

Es hilft wenig, über die PDS als Nachfolgerin der SED zu räsonieren und deren frühere Sünden aufzuzählen. Der Blick muß – ohne Reminiszenzen – auf das gerichtet werden, was sie *jetzt* sagt und für morgen will!

So müssen wir uns der Mühe unterziehen, präzise aus dem Programm der PDS vom Januar 1993 zu zitieren:

„Der wirtschaftliche und soziale Niedergang, die massenhafte politische Ausgrenzung in Ostdeutschland, Demokratie-, Sozial- und Rechtsabbau, großmachtpolitische, nationalistische und rechtsextremistische Tendenzen in ganz Deutschland nehmen bedrohliches Ausmaß an." Es ist die Rede vom „Anschluß der DDR an die alte Bundesrepublik Deutschland", und es wird gefordert, „daß die Herrschaft des Kapitals überwunden werden muß ... Betroffen und nachdenklich angesichts der Irrtümer, Fehler und Verbrechen, die im Namen des Sozialismus begangen wurden, befragen wir kritisch im Bewußtsein unserer eigenen Verantwortung für die Entstellung der politischen Idee unsere geistige und politische Tradition. Gleichzeitig widersetzen wir uns der erinnerungslosen und resignativen Kapitulation vor den selbsternannten Siegern der Geschichte."

Das stellt die Wahrheit und die Wirklichkeit auf den Kopf und verweigert das Mindeste: die Entschuldigung für die Verbrechen der kommunistischen Diktatur auf deutschem Boden. Statt dessen wird betont: „Millionen Menschen setzten sich nach 1945 für den Aufbau einer besseren Gesellschaftsordnung und für ein friedliebendes

Deutschland in Überwindung des faschistischen Erbes ein. Das bedarf keiner Entschuldigung."

Scharf verurteilt wird der Stalinismus: „Bis zur Unkenntlichkeit entstellt wurde das, was als Aufbau des Sozialismus gedacht war, durch die von Willkür, Grausamkeit und Bürokratie erfüllte Herrschaft des Stalinismus." Ziel der PDS seien der Sozialismus und die Überwindung „der Dominanz des privat-kapitalistischen Eigentums". Die PDS will u. a. „direkte Bürgerbeteiligung", „die Medien demokratisieren und die Beteiligung der gesellschaftlichen Bewegungen und Gewerkschaften an der öffentlichen Meinungsbildung". Die PDS unterstützt und fordert Einfluß durch „vielfältige außerparlamentarische Aktionen". Sie will eine „neue Verfassung".

Die PDS will „die wirtschaftliche Entwicklung demokratisch steuern und kontrollieren ... Wirtschafts- und Sozialräte auf nationaler, regionaler und lokaler Ebene schaffen, die auf die Wirtschaftsentwicklung Einfluß nehmen"; sie will die „innere Demokratisierung der öffentlichen Bildungs-, Wissenschafts- und Kultur-Einrichtungen ... Demokratisierung der Entscheidungsgremien bei den Medien ... Die PDS will Vorstellung umfassender Gesellschaftsveränderung entwickeln" ... und „hält den außerparlamentarischen Kampf und gesellschaftliche Veränderungen für entscheidend". Sie weiß sich „dem Erbe von Marx und Engels" verbunden.

Die PDS ist eine Realität. Sie will nach ihren eigenen Dokumenten: eine andere Republik. Das Grundgesetz will sie möglichst ganz ersetzen, die parlamentarische Republik zugunsten einer *Räterepublik* verändern. Es soll einen Wirtschafts-, einen Sozial-, einen Umwelt- und einen Frauenrat geben, die an der Gesetzgebung und Verwaltung des Bundes mitwirken. Weitere Räte können gebildet werden. Die Räte sollen nicht vom Volk gewählt werden. Die PDS gibt vor, sie wolle die Mitwirkung der Bürger im Staat verbessern und stärken. Indem sie diese Räte nicht vom Volk wählen lassen will, stärkt sie nicht die Mitwirkung der Bürger, sondern die Macht der Funktionäre.

Die Soziale Marktwirtschaft soll abgeschafft werden. Von Ehe ist nicht mehr die Rede. Die Familie wird eingereiht in andere Formen von Lebensgemeinschaften und Lebensformen.

Die PDS „sagt sich von der Vergangenheit los, um sie zu bewahren“ (so Winkler in der „Frankfurter Allgemeinen Zeitung“ vom 30. Juli 1994).

Wer mit dieser, gegenwärtigen PDS liebäugelt oder anbandelt, muß wissen, wem er sich andient und für was er die Türe öffnet.

Die PDS pflegt sorgsam ihre Beziehungen zu gleichgerichteten Partnern in aller Welt. Ihren Freunden in Kuba leistete sie finanzielle Hilfe. Die europäische Linke schreibt der PDS besondere Bedeutung zu. Kontakte zu Personen und Parteien aus dem früheren kommunistischen Osteuropa bestehen.

Die Bundesregierung prüft, ob die PDS eine „verfassungsfeindliche“ Partei ist, kann sich aber bisher nicht entschließen, sie so einzustufen. Sie stellte am 3. August 1994 im deutschen Bundestag fest: „Die PDS bekennt sich nicht nur zu ihrem kommunistischen Vorlauf. Sie duldet und fördert auch heutige Aktivitäten von Kommunisten in den eigenen Reihen und hält Verbindung zu linksextremistischen Organisationen und Gruppierungen außerhalb der Partei.“

Nach einer gemeinsamen Tagung der Verfassungsschutzbehörden Bayerns und Thüringens am 20. September 1994 in München hielt ein Kommuniqué fest: „Die PDS steht nahtlos in der Tradition von KPD und SED ... Die PDS nutzt die Spielregeln der parlamentarischen Demokratie zu ihrem Vorteil, ist aber nicht bereit, sich daran zu halten ... Die PDS will eine staatliche Ordnung, die mit unserer freiheitlichen Demokratie nichts gemein hat. Sie bekennt sich in der Präambel zu ihrem Statut ‚zum Auftrag zur demokratischen Revolution', ferner zum außerparlamentarischen Kampf und zum Widerstand gegen die ‚herrschenden' Instrumente, die dem Grundgesetz fremd sind ... Die PDS bejaht Gewalt als Mittel zur Durchsetzung politischer Ziele."

Wir dürfen weder übersehen noch verschweigen, daß für viele Sozialisten die PDS kein Tabu mehr ist, daß sie die PDS nicht zu den „Unberührbaren" zählen, daß deren Koalitionsfähigkeit für viele als gegeben gilt.

Das sind die Fakten.

So trocken und hölzern diese sich lesen – nach allem, was wir in meiner Generation erlebten –, müssen wir uns der Mühe unterziehen, uns genauer zu informieren. Auch früher mußte ich hören: Lesen Sie bitte nicht Hitlers „Mein Kampf"! So schlechtes Deutsch sollten Sie sich nicht zumuten ... Wer nicht las, mußte später gleichwohl die Zumutungen und Gemeinheiten des Nationalsozialismus erdulden ... Wenn nicht alle, aber viele gelesen hätten: Ja, wie wäre dann unsere jüngste Geschichte verlaufen?

Versagen wieder die Verantwortlichen? Wie sonst ist es zu erklären, daß 63 Prozent der Ostdeutschen (aber nur 18 Prozent der Westdeutschen) der Aussage zustimmen, die PDS sei „eine normale demokratische Partei"? 62 Prozent der Ostdeutschen und 24 Prozent der Westdeutschen sagen: „Die anderen Parteien sollten mit der

PDS zusammenarbeiten.“ (G. Langguth in der „FAZ“ vom 14. September 1995 – gestützt auf empirische Forschungen der Konrad-Adenauer-Stiftung)

Die PDS ist auch deshalb eine Realität:

Bei der Bundestagswahl am 16. Oktober 1994 entschieden sich 2 067 391 = 4,4 Prozent der Wählerinnen und Wähler für die PDS; es zogen 30 Abgeordnete der PDS in den deutschen Bundestag ein, vier von diesen haben ihre Wahlkreise in direkter Wahl (!) gewonnen. –

Bei den Landtagswahlen erreichte die PDS:

Brandenburg	11. September 94:	18,7 Prozent;
Sachsen	11. September 94:	16,5 Prozent;
Mecklenburg-Vorpommern	16. Oktober 94:	22,7 Prozent;
Thüringen	16. Oktober 94:	16,6 Prozent;
bei der Wahl in Berlin:	22. Oktober 95:	14,6 Prozent.

Wissenschaftliche Erhebungen ergaben: 35 Prozent der Beamten in der ostdeutschen Verwaltung wählten die SED-Nachfolgepartei PDS. Die befragten PDS-Wähler stehen praktisch allen staatlichen und demokratischen Institutionen ablehnend gegenüber („FAZ“ und „Bild“, 29. August 1995).

*

Die PDS spricht offen von „der nächsten Wende. Sie kommt gewiß in dieser wendereichen Zeit". Man werde alles „protokollieren", was ihre Gegner jetzt betreiben. („FAZ", 10. August 1995, Seite 9, und Pressedienst der PDS vom 22. Juni 1995)

Entsteht hier wieder, was Allemann an der Weimarer Republik kritisierte – die Ablehnung der parlamentarischen Demokratie und die Zuwendung zu ganz anderen Vorstellungen von Staat und Gesellschaft?

Die Leute von der PDS, der alten SED, spielen sich zu Unrecht als Anwälte ostdeutscher Sorgen auf; Sorgen, die sie selbst verursachten. Sie sind doch die Täter, die Menschen unterdrückten und die DDR in den Zusammenbruch führten. Nun bitten sie um Gunst und Stimme ihrer Opfer, die immer noch leiden, weil die SED halb Deutschland zerstörte.

Viele Nachbarn blicken besorgt in die deutsche Zukunft: Warum sagt diesen Leuten im Deutschen Bundestag keiner ins Gesicht: „Zynischer geht's nicht! Schon wieder betrügt ihr das Volk! Heuchler abtreten!"

Viel Bonner Opportunismus steht diesem notwendigen Streit entgegen. Die sich diesem Streit verweigern, verweigern sich der guten Zukunft unseres Landes. Demokratie braucht deutliche Aussprache und klare Zielsetzungen.

Wir sind dabei, die äußeren Schäden der Teilung zu überwinden. Viele in der Welt wundern sich so sehr, daß sie das nächste deutsche „Wunder" schon hinter der Türe wahrzunehmen glauben.

Die Gleichheit der Lebensverhältnisse im vereinten Deutschland, die das Grundgesetz fordert, wird schneller erreicht sein als die Übereinstimmung im Bewußtsein, weil es eine Gleichheit der Erfahrungen nicht gibt. Es wird wohl eine Generation lang dauern, bis wir Deutschen aus Ost und West zu ähnlichem Bewußtsein, angenäherten Gefühlen und Erfahrungen kommen.

Die Verantwortung für diese Dauer tragen allein die, welche die deutsche Spaltung wollten und die Diktatur bewirkten. Also, kein Demokrat in Bonn und keiner in Berlin.

Gleichwohl: Viele meinen, wir seien schon auf dem Wege in eine andere Republik. Manche empfinden, wir seien da bereits angekommen, sagen das auch.

Das muß nicht sein! Es ist möglich, die Qualität unserer Demokratie auch aus der Republik von Berlin zu gewinnen und zu festigen. Das ist die Anstrengung aller wert.

So sehr ich es hoffe und dafür arbeite – es ist zu früh, das „Aus“ für diesen Sozialismus auszurufen. Er rumort auch anderswo im Bereich des früher kommunistischen Ostblocks. Zugleich ist festzuhalten, daß weder in Polen noch in Ungarn, nicht in Tschechien, nicht in der Slowakei, nicht in den baltischen Staaten, nicht in Bulgarien oder Rumänien die Nachfahren der früheren kommunistischen Parteien in ihrer Politik wie in ihren Programmen die Rückkehr zu den früheren Verhältnissen erstreben. In Deutschland ist das anders.

Schon deshalb können wir uns ganz und gar nichts anderes erlauben, als die dauerhafte Überlegenheit unserer Ordnung der Freiheit zu pflegen und immer wieder zu beweisen. Deutschland-Politik ist nicht zu Ende! Es muß nur weiter gehen. Auch an unserer Verteidigungsbereitschaft und -fähigkeit darf keinerlei Zweifel aufkommen.

Wir bleiben zum Besseren herausgefordert. Nur darauf können wir eine gute und gewisse Zukunft gründen.

Und sozialdemokratisch geführte Länder unserer Bundesrepublik Deutschland weigern sich, ihren Verfassungsschutz-Behörden den Auftrag zu geben, auch die PDS beobachten zu lassen. Es sind die gleichen Länder, die ihre Zahlungen an die Stelle zur Erfassung des SED-Unrechtes in Salzgitter noch vor der Wende einstellten.

Nach diesem Blick in die Dokumente der PDS ist unbestreitbar: Die PDS grenzt sich aus und macht sich selbst koalitions-unfähig – nicht wegen ihrer Vergangenheit, sondern wegen ihrer Gegenwart. Da gilt es, politisch zu kämpfen – nicht gegen die bezwungene SED, auch nicht gegen ihre versprengte Nachhut, sondern gegen die Feinde der Demokratie jetzt, die wieder eine Diktatur wollen – und das auch zugeben.

Verantwortliche, die diesem notwendigen Kampf ausweichen, versündigen sich nicht nur an den irregeleiteten Wählern der PDS, die es für die Demokratie noch zu gewinnen gilt, sondern an der Zukunft unseres freiheitlichen Rechtsstaates. Nicht ich schließe die PDS aus. Sie selbst tut es, indem sie den demokratischen Konsens, also das Ja zum Grundgesetz, verweigert.

Wer das alles bedenkt und auf sich wirken läßt, muß die Frage von Allemann, ob die Bewährung der deutschen Demokratie erst mit der Wiedervereinigung wirklich erfolgt, als berechtigt gelten lassen.

Es liegt an uns, wie wir antworten: So, daß aus Berlin wirkt, was uns in Bonn geachtet und stark gemacht hat? Oder – mit faustischem Ungestüm –: daß aus Berlin sich eine andere Republik, ein anderes Deutschland, erhebt?

Ich bin für diese Bundesrepublik Deutschland, auch von Berlin aus. Und das geht auch unsere Nachbarn an.

III

Zwischen Moskau und Paris

Deutschland ist das Herz Europas, seine Mitte. Viel hängt von Deutschland ab. Es hat neun offene Grenzen und bleibt – geschichtlich – leicht verwundbar.

Berlin liegt zwischen Paris und Moskau. Was dort gedacht und getan, bewirkt und bewegt wird, ist wichtig für Deutschland und umgekehrt. Ein schrilles oder gar ein auftrumpfendes Deutschland würden unsere Nachbarn und Partner weder ertragen noch hinnehmen. Ein arrogantes Deutschland würde sprengen, was seit dem Zweiten Weltkrieg die existierende europäische Friedensordnung bestimmt: Zusammenarbeit statt Rivalität, Gleichberechtigung statt Hegemonie. Das sind die Bausteine der europäischen Nachkriegsordnung, auch der NATO und der Europäischen Union.

Gott bewahre Deutschland vor denen, die das als „westdeutsch" herabwürdigen und als „linksrheinisch" beleidigen!

*

Was unterscheidet die Lage Deutschlands und Europas nach 1919, dem Ende des Ersten Weltkrieges, von der nach 1945, nach dem Zweiten Weltkrieg? Ich meine hierzu:

Erstens: Die westlichen Siegermächte führten sich nicht mehr als solche auf, sondern als siegreiche Demokraten – bereit, den deutschen Demokraten, später dem deutschen Volk, die Hand zu gemeinsamer, friedlicher und demokratischer Zukunft zu reichen. Das ist der fundamentale Unterschied! Er entsprang nicht nur dem heraufziehenden Ost-West-Konflikt und der 1945 zu Ende gehenden Kriegskameradschaft der westlichen Demokratien mit der kommunistischen Sowjetunion. Es war eine Revolution im Denken.

Das muß man würdigen nicht nur mit dem Blick auf die gänzlich andere Siegermentalität und -haltung nach 1919 und auf den Versailler Vertrag, sondern vor allem mit dem Blick auf den „*Morgenthau-Plan*".

Am 15. September 1944 unterzeichneten in Quebec Roosevelt, Präsident der USA, und Churchill, Ministerpräsident Großbritanniens, diesen Plan. Danach sollte die deutsche Industrie, auch durch Demontagen, radikal vermindert, das Ruhrgebiet von Industrie entblößt und internationalisiert, das entmilitarisierte, demontierte, kontrollierte und zerstückelte Deutschland zum Agrarland umgestaltet werden.

Inzwischen weiß man, daß es sich hierbei nicht um Reste Goebbels'scher Propaganda oder um grundlose Gerüchte und Parolen handelte. Die Information gibt den konkreten Inhalt eines amtlichen, minutiösen Planes aus der Administration der USA wieder.

> *Das Programm für die Ausschaltung der kriegswichtigen Industrien im Ruhr- und Saargebiet ist ein Schritt auf dem Wege zur Umwandlung Deutschlands in ein Land von vorzugsweise landwirtschaftlichem und pastoralem Gepräge. Der Premierminister und der Präsident befanden sich hinsichtlich dieses Programms in Übereinstimmung.*

Das ist der Schlußsatz dieses Textes, den Churchill anhand des *Morgenthau*-Plans diktiert hatte.*

Schon bei der Beratung dieses Planes in den USA hatte sich erhebliche Kritik geregt.

Stimson nannte den Plan „rachsüchtig“ und gab zu bedenken: „Ein solcher Plan müßte ... die Schuld und die Verbrechen der Nazis in den Schatten stellen.“ McCloy sah in dem Vorhaben die „kurzsichtige Gier der Sieger“. Die Kritik führte nach der Unterzeichnung in Quebec dazu, daß dieser Plan „einschlief“ (so Winston Churchill). Presse und öffentliche Meinung in den USA wie europäische Einsichten in London haben das im wesentlichen bewirkt. Ein neues Denken brach sich Bahn und meldete sich bei verantwortlicher Beratung zu Wort.

Da zog nicht plötzlich Nächstenliebe als oberste Maxime in die internationale Politik ein. Man dachte und handelte weiterhin im eigenen Interesse. Aber man hatte begriffen (oder fing an zu erkennen), daß dieses eigene Interesse nicht Rache, sondern Zusammenarbeit gebot.

Es ist dringend, nachdrücklich festzuhalten, daß dieser *Morgenthau*-Plan noch während des Krieges, noch bevor Hitler besiegt war, sein Ende fand!

Ein deutscher Staatsmann nahm Einfluß auf das Denken der Angelsachsen:

In London, während seiner Emigration, schrieb Carl Spiecker 1943 sein tapferes Buch „Germany – from defeat to defeat“. Hitler selbst hatte Carl Spiecker, den früheren Reichspressechef und Beauftragten zur Bekämpfung des Nationalsozialismus, ausgebürgert. Er hatte we-

* Siehe im einzelnen: Rainer Barzel, „Plädoyer für Deutschland“, München 1988, S. 110 ff.

der Spieckers Kampf gegen die NSDAP vergessen noch dessen Antrag, Hitler als lästigen Ausländer abzuschieben.

Aus diesem Buch: Der Versailler Vertrag sei kein Vertrag, sondern ein Diktat. „Böswilligkeit“ zeichne dieses „Dokument der Demütigung und der Schande“ aus. Das deutsche Volk sei getäuscht worden. Das Volk sei auch nicht verantwortlich für den Kriegsausbruch. Statt durch einen Friedensvertrag einen Schlußstrich unter die Vergangenheit zu ziehen und das Fundament für einen neuen Beginn, für Verständigung und Versöhnung zu legen, sei das Gegenteil geschehen – „ein fataler und schwerer Fehler“. Nie habe die junge Republik Hilfe von außen erhalten. Von dort sei alles geschehen, die inneren Schwierigkeiten zu verschärfen. So sei die Demokratie vielen Deutschen immer mehr als Abkömmling und Zeichen der Niederlage und des entehrenden Versailler Vertrages erschienen. Indem die siegreichen Demokratien die erste deutsche Republik zum „Prügelknaben“ gemacht hätten – statt ihr als „gute Paten“ zur Seite zu stehen –, hätten sie die Krise verschärft und die Gegner der deutschen Demokratie gestärkt.

So Carl Spiecker aus der Emigration. Ich habe in der Nachkriegsliteratur nichts von gleicher Härte der Worte und Schärfe der Argumentation gefunden. Karl Dietrich Bracher zum Beispiel begnügte sich mit dem Wort „Versäumnisse der europäischen Politik“.

Spiecker fand damals Gehör im Westen – der ausgewiesene Emigrant aus Deutschland für Deutschland!

Zweitens: Die USA entschlossen sich – anders als nach dem Ersten Weltkrieg –, in Europa anwesend zu bleiben, militärisch, politisch, wirtschaftlich. Das veränderte die Lage, hielt zugleich die Sowjetunion im Zaum. Die USA wollten, so wurde in Washington gesagt, nicht ein drittes Mal nach Europa kommen müssen, um Frieden zu bewirken und Gleichgewicht zu erzeugen. Die atlantische Gegenküste, also Europa, wurde als wesentlich für die Zukunft der USA selbst erkannt.

Drittens: Die Demokratie in Deutschland gelang. Die deutsche Wirtschaft florierte. Deutschland nahm Abschied von ost-westlicher Schaukelpolitik, fand zu seiner Kultur zurück und ordnete sich endgültig im Westen ein.

Kein Zweifel: Diese Tatsache ist entscheidend für diese neue Lage. Viel hängt, ich wiederhole noch cinmal, in Europa von der Mitte, also von Deutschland, ab.

Es ist deshalb für die reale Europäische Friedensordnung unerläßlich, unverzichtbar, fundamental, daß Deutschland in Berlin nicht ein „neuer" Staat mit „anderer" Qualität wird!

Viertens: Frankreich und Deutschland gingen aufeinander zu, begannen Europa zu vereinigen. Es fing an mit sechs Mitgliedern, die sich zur „Montanunion", der Europäischen Gemeinschaft für Kohle und Stahl, zusammenschlossen. Wo eine europäische „Hohe Behörde" über Kohle und Stahl wache und entscheide, sei ein Krieg nicht mehr möglich. So die Konzeption.

Diese Idee hat als erster der Ministerpräsident von Nordrhein-Westfalen, Karl Arnold, in die Welt gesetzt.

Karl Arnold setzte sich am 1. Januar 1949, als die Besatzungsmächte mit dem „Ruhrstatut" die Siegerkontrolle über unser damaliges industrielles Herz langfristig festlegen wollten, in seiner Neujahrsansprache an die Spitze neuer und besserer Gedanken und warf einen Stein, der wirksam weithin Wellen schlug. Er empfahl, das einseitige, auferlegte „Ruhrstatut" zu ersetzen durch einen „völkerrechtlichen Zweckverband auf genossenschaftlicher Grundlage". In diesen europäischen Verband sollten „Deutschland die Ruhr, Frankreich das Erzvorkommen Lothringens, beide die Saar, Belgien und Luxemburg ihre Schwerindustrie einbringen".

Aus heutiger Sicht wird das kaum mehr erregen. Damals war es eine Sensation: Aus dem besetzten, besiegten, zerstörten und hungernden Deutschland wies eine Stimme der Vernunft den Weg in eine bessere Zukunft! Da verharrte einer nicht verschämt und gedemütigt am Wegesrand, trachtete nicht nur nach dem täglichen Brot, sondern erhob sich und hatte die Kühnheit, herauszufordern und mit neuen Gedanken Anstöße zu geben.

Im Mai 1950 nahm Frankreich durch Schuman und Monnet den Gedanken auf und schlug eine Europäische Gemeinschaft für Kohle und Stahl vor. Jean Monnet selbst hat später – 1953 beim offiziellen Besuch Arnolds in Luxemburg bei der neuen „Hohen Behörde" – Karl Arnold als den geistigen Vater der Montanunion bezeichnet.*

In Paris hatte Georges Bidault – in der Londoner Emigration Hausgenosse von Carl Spiecker in 26, Chepstow Villas – einen Brief von Jean Monnet erhalten. Da las er:

> *Die Bemühungen der verschiedenen Länder in dem gegenseitigen nationalen Rahmen werden meiner Ansicht nach nicht genügen. Andererseits ist der Gedanke, daß sechzehn souveräne Länder wirksam zusammenarbeiten, eine Illusion. Ich glaube, daß nur die Schaf-*

* Siehe hierzu das Buch des Autors „Geschichten aus der Politik", München 1987, S. 35 ff. Ebenso François Duchêne in „Jean Monnet", New York, N. Y., Norton-Verlag, S. 202 f.

*fung einer Föderation des Westens, die auch England einschließt, es uns in einer bestimmten Zeit ermöglichen wird, unsere Probleme zu regeln und endlich den Krieg zu verhindern.**

Nun ist in dem Europa, das sich freiwillig zusammenschließt, ein Krieg gegeneinander nicht mehr möglich. Auch das bewirkt die neue, andere Lage.

Zusammenarbeit und Freundschaft zwischen Frankreich und Deutschland bestimmen die europäische Wirklichkeit. Konrad Adenauer und Herbert Wehner waren sich am 25. April 1963 einig, als sie im Deutschen Bundestag betonten: Den Zweiten Weltkrieg und die Hitler-Diktatur hätte es nicht gegeben, wenn nach dem Ersten Weltkrieg Frankreich und Deutschland zusammengefunden hätten.

Schon zum fünften Jahrestag der deutschen Kapitulation, am 8. Mai 1950, schlug Frankreich vor, künftig statt Rivalität die Zusammenarbeit und statt Hegemonie die Gleichberechtigung zu suchen und so miteinander Europa zu bauen und zu vereinigen. Monnet und Schuman verwirklichten dieses Konzept, das Karl Arnold vorgeschlagen hatte.

Das war und ist die Basis der europäischen Nachkriegsordnung – die gültig bleibende Antwort. Diese reale, wirksame europäische Friedensordnung unserer Zeit wird nur bleiben, wenn die Basis festgefügt steht.

Auf diesem Fundament entstand die Chance zur deutschen Einheit und zur Wiedervereinigung Europas.

*

* *Jean Monnet: „Erinnerungen“, München 1978, S. 346.*

Diese Basis bröckelt. Vom Balkan her. Das organisierte Europa findet immer weniger zusammen, es vereinzelt und zerstreut sich. Rivalitäten und Eifersüchteleien feiern in Europa – ganz und gar unfröhliche – Urständ'.

Zwischen Frankreich und Deutschland hapert's in vielen Punkten. Die Briten suchen ihre alte Politik in Europa neu. Viele mißdeuten Deutschland, fürchten seine Kraft wie sein Ungestüm, sehen es nach Osten abdriften, treiben es auch dorthin.

Nationale Rivalitäten regen sich wieder. In der Stille wird an anderen Hegemonien und Gleichgewichten gebastelt. Hallsteins Mahnung wird vergessen: „Im Wechsel von Hegemonie und Gleichgewicht gebar (Europa) jahrhundertelang Krieg auf Krieg, weil die Hegemonien kurzlebig und die Gleichgewichte labil waren."

Europa versagte auf dem Balkan, weil es nicht als Einheit, nicht durch seine gemeinsamen Institutionen, sondern durch seine rivalisierenden Mitglieder, die Nationalstaaten, handelte.

Schon zwanzig Jahre nach dem Ersten Weltkrieg (1919) begann in Europa der Zweite Weltkrieg (1939). Im „Kalten Krieg" in Europa, von 1945–1989, lebte Europa in einem Frieden, der ein Nicht-Schieß-Krieg war. Als er endete, wurde in Europa wieder geschossen – vor allem auf dem Balkan.

Im freien Europa ist eine Friedensordnung real. Krieg ist hier, im Augenblick und so weit man sehen kann, nicht möglich. Regierungen und Generalstäbe arbeiten zusammen. Eine Hohe Behörde wacht über Kohle und Stahl und Atom. Ein Europäisches Parlament wie eine europäische Autorität, auch ein Gerichtshof und ein Rechnungshof, arbeiten. – Nicht immer wirksam.

Gleichwohl wachsen der alten Hydra neue Köpfe ...

aus Neid und Eifersucht. Ich sehe nicht neue innereuropäische Kriege heraufziehen, aber betonierte Mißverständnisse aus Neid und Habsucht – vor allem mangelnde, gemeinsame Handlungsfähigkeit. So also auch zunehmende Schwäche der schon vorhandenen europäischen Institutionen.

Nur gemeinsame Ziele, Inhalte und Institutionen mit gemeinschaftlichen Regeln können zusammenhalten, was nun wieder auseinanderstrebt. Statt anzuwachsen, bröckeln diese Ansätze.

Entweder: Wir finden zurück zu diesem Ausgangspunkt fester Regeln und gemeinsamer Institutionen, zu einem geordneten berechenbaren Willen Europas also – oder: Europa wird sich nicht finden, zerfallen, verfallen.

Europa

Wer aus West-Europa nach Westen sieht, zu den USA und nach Kanada also, muß sich stets darüber klar sein:

1. Die USA sind vorrangig mit sich selbst beschäftigt.
2. Frauen und Männer in besonders verantwortlichen Positionen, die in Europa geprägt wurden und dorthin zu blicken gewohnt sind, wird man kaum noch antreffen.
3. Die USA stellen sich um: Sie sehen mehr nach Westen – nach Asien also (Japan, China, Südostasien) – als nach Europa. Auch richten sie ihren Blick mehr nach Süden (Lateinamerika), werden selbst immer mehr „amerikanisch" als „europäisch".

Und wer aus West-Europa nach Moskau, nach Osten also, blickt, der darf nicht übersehen:

1. Rußland ist vorrangig mit sich selbst beschäftigt.
2. Gewiß, Rußland blickt nach wie vor nach Westen, nach West-Europa und den USA also, zugleich gelten das russische Interesse wie seine Wachsamkeit und sein Einfluß dem Süden und dem Osten: Mittelasien, Indien, China, Japan, Südostasien – auch dem Nahen Osten.

Wir Deutschen brauchen das sich vereinigende Europa zuerst für uns selbst: In der Mitte Europas gelegen, von neun Nachbar-Staaten umgeben, sind wir – mehr noch als andere – auf Frieden und europäisches Miteinander angewiesen. Immer wieder haben im un-einigen Europa Rivalitäten, Hegemonien, „Achsen" und Bundesgenossenschaften sozialen und wirtschaftlichen Niedergang bewirkt – auch Krieg um Krieg gebracht. Mit Waffen, Embargos (der „Kontinentalsperre" zum Beispiel), mit

Konfessionen und Ideologien wurde erbittert gekämpft. Bald wirkten Kräfte von außen auf uns in der Mitte ein (Schweden, Franzosen, zum Beispiel), bald hemdsärmelten wir nach außen, nach Polen zum Beispiel.

Sobald Deutschland den Nachbarn seine Muskeln zur Schau stellt, auch nur mit ihnen spielt oder zu spielen scheint, entstand und entsteht ein antideutsches europäisches Gemeingefühl; die Nachbarn rundum merken auf, mucken auf und finden sich so rasch wie besorgt gegen uns zusammen. Das war so. Das ist so. Völker haben ein längeres Gedächtnis als Politiker und Redakteure!

Tölpelhaft und arrogant brachte Kaiser Wilhelm Europa gegen Deutschland auf. Seine Ungeschicklichkeiten führten – nicht allein diese, aber auch diese – mit zum Ersten Weltkrieg. Hitler wollte den Zweiten.

Indem wir in Europa zunehmend gemeinsame Institutionen mit geregelten Verfahren schaffen, um gemeinsame Normen bemüht sind, parlamentarische Kontrolle auszuüben lernen und gemeinsame Wahlen abhalten – indem wir so am Werk sind, wird aus dem früher kriegerischen Europa ein Kontinent des Friedens.

Das alles setzte und setzt Deutschland als „liebenswerte Republik" und als geachteten Nachbarn voraus. Indem wir uns in Europa einbrachten und einbringen, leisten wir ein unverzichtbares Werk des Friedens. Nochmals: Zuerst im eigenen Interesse.

Auch die Nachbarn brauchen Europa, um Deutschland dauerhaft und friedfertig, fair eingeordnet, in seiner Mitte zu wissen; um Zutritt zu dem großen Markt Deutschland zu haben; um teilzuhaben an unserer wirtschaftlichen und militärischen Kraft. Wir alle ziehen ökonomische und soziale Vorteile aus dem sich vereinigenden Europa. Auch erwächst nur so die Chance aller

Europäer, nicht zum Spielball der Weltmächte zu werden.

Manche Probleme – ich nenne nur Energiebeschaffung und Verteidigung, Verbrechen, Seuchen, Terrorismus, Einwanderung und Asyl – kann kein Staat Europas mehr für sich allein beantworten und lösen.

Wir sollten in Europa auf dem Wege zur Vereinigung voranschreiten, Tatsachen schaffen, die unumkehrbar Gemeinschaft und Gemeinsamkeit stärken. Nur das ist wichtig. Ob wir nun die Vereinigten Staaten von Europa schaffen, für die ich eintrete, oder einen europäischen Staatenbund oder eine vertiefte und erweiterte europäische Gemeinschaft – es kommt nicht auf die Bezeichnungen und Titel an. Nur auf die Realitäten – vor allem auf die, die nicht mehr zu ändern oder umzukehren sind.

Die Nationalstaaten mit ihren Rivalitäten können das nicht leisten. Die Zusammenarbeit der europäischen Nationalstaaten kann jeden Tag wieder zerbrechen. Europa braucht gemeinsame Institutionen, Normen und Regeln. Sie allein schaffen die Handlungsfähigkeit Europas und sichern vor dem Rückfall in den Nationalismus.

*

Mit und in der „Europäischen Union" – so heißt das sich zusammensuchende Europa jetzt nach dem Maastrichter Vertrag – können wir alle leben, wenn der Prozeß zur Einheit weitergeht. Das Gute an dem Vertrag ist, daß er überwiegend kein starres Korsett für Europa schnürt, sondern einen weiten Mantel anbietet, der Entwicklungen offenhält.

Warum anders nur beim Geld?

Die Europäer sollten mit der Zähigkeit des römischen Senators Cato alles Reden und Handeln unter die Pflicht stellen: Im übrigen gilt es, Europa zu bauen! Und Europa war und ist buntscheckig, wäre für „demokratischen Zentralismus“ völlig ungeeignet.

Die politische Union mit gemeinsamer Außenpolitik, mit gemeinsamer Verteidigung, mit abgestimmter Innen-, Finanz- und Wirtschaftspolitik muß das verbindliche Ziel bleiben, auf das die Union Schritt für Schritt zugeht.

Allerdings: Gemeinsames Geld, ja, gemeinsame Verteidigung, nein – das geht nicht gut.

Versucht man das gleichwohl, so gilt die Regel: Wer rastet, der rostet. Bei Stillstand des Einigungsprozesses würden nationale und regionale Interessen in dem Gebäude Ritzen finden, diese durchbrechen und zu Löchern aufreißen. Stillstand könnte zerstören, was schon erreicht ist. Und das ist viel!

In vielem ist die Europäische Union schon weiter als das Deutsche Reich es war, nachdem es seine Einheit gefunden hatte.

Bei Stillstand würden die Bürger jedwede Unbill und alle Ungereimtheiten, die sie erleben, gnadenlos den europäischen Institutionen anlasten – und das könnte einen gefährlichen Sprengsatz ergeben.

*

Schon jetzt stöhnen zu viele Europäer unter den Lasten aus Brüssel. Sie fühlen sich aus der Ferne regiert – ohne Einflußmöglichkeiten, oft wie gegängelt von einem ihnen undurchschaubaren Apparat – ähnlich Kafkas „Schloß“. Das bedrückt und beklemmt viele. Frankreich ohne den

Franc? Deutschland ohne die Mark? Vielen ist das unvorstellbar!

Der „Bürgerbeauftragte“, den der Maastrichter Vertrag vorsieht (Artikel 138 e), das allgemeine europäische Bürgerrecht (Artikel 8) und die Öffnung der Kommunalwahl für alle Europäer (Artikel 8 b) – das alles beweist nur, daß es das Problem gibt. Die bisherigen Versuche, dieses Demokratie-Defizit zu beseitigen, sind so rührend wie erfolglos.

Wo man ein Parlament wählt, das wenig zu sagen hat, wo man eine „Union“ aus der Taufe hebt, die – bitte schön! – auf gar keinen Fall ein gemeinsamer Staat sein oder werden soll, nur gemeinsames Geld haben soll … wo es so bestellt ist, fehlt die Perspektive wie die mitreißende Realität.

Man muß es offen aussprechen: Dieses Europa, das sich da in Brüssel abzeichnet, wird von den Völkern (noch) nicht getragen. Das ist für jeden Demokraten und Europäer ein kaum erträglicher Tatbestand. Also gilt es, neu nachzudenken und zu handeln.

Die unaufrichtige Unterschrift

Der Vertrag von Maastricht gilt. Er ist ratifiziert. Ich habe ihn – allein auf sonst stummer und leerer Bühne – kritisiert, als Europäer und überlebendes Mitglied des Monnet-Komitees für die Vereinigten Staaten von Europa. „So nicht!" schrieb ich im „Bonner Generalanzeiger" am 21. Januar 1992.

Öffentliche Einlassungen europäischer Regierungen brachten den Vertrag immer wieder ins Gerede. 1996 sollte eine Regierungskonferenz das Weitere bedenken und beschließen.

In Frankreich wurde ein neues Referendum erwogen. Der Deutsche Bundestag hat sich eine eigene Bewertung der Entwicklung vor dem Übergang in die dritte Stufe der Wirtschafts- und Währungsunion mit Beschluß vom 2. Dezember 1992 ausdrücklich vorbehalten.

So bleibt also dieser gültige Vertrag mit allen seinen Problemen auf der politischen Tagesordnung.

Das Hauptproblem: 12 Staaten Europas gründeten durch Vertrag vom 7. Februar 1992 die „Europäische Union", einen „Staatenverbund". Dabei gehen sie nicht in dieser Union auf, sondern bleiben Nationalstaaten – ja, die Union verpflichtet sich im Artikel f, „die nationale Identität ihrer Mitgliedsstaaten zu achten". Im gleichen Artikel heißt es in Absatz 3: „Die Union stattet sich (!) mit den Mitteln aus, die zum Erreichen ihrer Ziele und zur Durchführung ihrer Politiken erforderlich sind."

Das ist die Einladung zum Zentralismus, also zur „Herrschaft der Regierenden über die Regierten" (Schmittmann), und begründet die Brüsseler Kompetenz-Kompetenz. Die Klausel des Vertrages zugunsten der Subsidiarität kann so, muß nicht, zum frommen Wunsch degradieren.

Zwar ist im Artikel 3 b von „Subsidiarität“ die Rede, aber diese Vorschrift verblaßt vor der zitierten Generalklausel und verschwimmt im Nebel des Ungewissen, wenn man die Liste der Zuständigkeiten der Union (Artikel 3) studiert: Sie reicht von der Abschaffung der Zölle bis zum Fremdenverkehr.

Die Bundesrepublik Deutschland übertrug der Europäischen Union Zuständigkeiten, die in Deutschland nicht dem Bund, sondern den Ländern zustehen – zum Beispiel „Entfaltung des Kulturlebens in den Mitgliedstaaten“ (Artikel 3 p).

Konkrete Zuständigkeiten und präzise Verabredungen der Europäischen Union vom Asylrecht bis zur Verteidigung, von der Außenpolitik bis zur Verbrechensbekämpfung sucht man in dem umfangreichen Vertragswerk vergebens.

Präzise sind die Regelungen da, wo es um's Geld geht. Die Union soll und will – spätestens bis zum 1. Januar 1999 – an die Stelle der nationalen Währungen eine einheitliche europäische Währung einführen. Den „EURO“.

Zwar geht Deutschland nicht auf in der Europäischen Union, wohl aber die D-Mark in der europäischen Währung!

Wie soll das gehen? Deutschland ein Staat ohne eigene Währung? Europa mit einer eigenen Währung, aber ohne Staat? Ein Hammel mit fünf Beinen ist konkreter vorstellbar!

Mir scheint, dieses Datum ist mehr eine Absichtserklärung als eine definitive Verpflichtung.

Mitterrand sah die Stabilitätskriterien nicht als starre, verbindliche Größen. Giscard d'Estaing sagte voraus,

„daß Frankreich, Deutschland und die Benelux-Staaten die Konvergenzkriterien erfüllen können". Darüber hinaus müsse eine „politische Geste" es zumindest noch Italien und Spanien ermöglichen, „die einheitliche Währung einzuführen" (FAZ, 15. September 1995).

Wenn sich Deutschland darauf einließe, diesen Vertragsbruch mitzumachen, sich also in diesem sumpfigen Gelände zu bewegen suchte – es wäre nicht nur um Kohls Kanzlerschaft geschehen ...

Nach dem eindeutigen Text des Maastrichter Vertrages müssen die Teilnehmer an der europäischen Währung *dauerhaft* (!) vor allem diese drei Kriterien erfüllen: Preisstabilität, erträgliche Staatsschulden und Teilnahme am Wechselkursmechanismus des europäischen Währungssystems (Artikel 109 j des Vertrages).*

Was aber geschieht, wenn ein Staat später diese Bedingungen nicht mehr erfüllt? Was geschieht, wenn die unabhängige Europa-Bank „hü!" sagt, die nationalen Finanzminister aber „hott!"? Wie soll das mit dem gemeinsamen Geld gut gehen, wenn es Sache der Mitgliedsstaaten bleibt, ihre Haushalte zu gestalten und ihre Steuern festzusetzen?

* Genauer: Preisstabilität bedeutet, daß ein Mitgliedstaat eine anhaltende Preisstabilität und eine während der letzten Jahre vor der Prüfung gemessene Inflationsrate aufweisen muß, die um nicht mehr als 1,5 Prozentpunkte über der Inflationsrate jener – höchstens drei – Mitgliedsstaaten liegt, die auf dem Gebiet der Preisstabilität das beste Ergebnis erzielt haben (Protokoll, Art. 1). – Staatsschulden: Die Referenzwerte sind: 3 Prozent für das Verhältnis zwischen dem geplanten oder tatsächlichen Defizit und dem Bruttoinlandsprodukt zu Marktpreisen, 60 Prozent für das Verhältnis zwischen dem öffentlichen Schuldenstand und dem Bruttoinlandsprodukt zu Marktpreisen (Protokoll, Art. 1).

Aus der Bundesbank ist zu hören: „Für die Mitgliedsstaaten, die sich für die Währungsunion qualifizieren, steht am Ende die uneingeschränkte Gemeinsamkeit einer einheitlichen Geldverfassung und einer einheitlichen Währung, für die staatliche Ordnung ist ein Schritt dieser Dimension nicht annähernd beabsichtigt. ... Reicht der politische Wille nicht aus, den Weg in die politische Union zu gehen, dann gibt es wenig Grund, darauf zu vertrauen, die im Grunde gewollte politische Integration könne quasi durch die Hintertür der Währungsunion gelingen. Ein Europa, das den Schritt in die Währung wagt, kann sich nicht vor der Entscheidung über die Gestalt der politischen Union drücken." (Otmar Issing, FAZ, 15. Juli 1995)

*

Es kommt hinzu: Wir haben in Deutschland im Zusammenhang mit der Wiedervereinigung gelernt, daß die D-Mark, also das einheitliche Geld, nicht von allein die Gleichheit der Lebensverhältnisse in Deutschland bewirkt. Die wirtschaftlichen und sozialen Strukturen wie das Fehlen des Rechtsstaates in der DDR standen dieser Erwartung entgegen. So wird auch der EURO allein nicht die Einheit Europas herstellen können. Das Gegenteil könnte eintreten.*

Horst Köhler, einer der Maastricht-Architekten, orakelt: „Ich bin der Ansicht, daß die Chancen einer europäischen Währung größer sind als die Risiken. Denn sicher ist ein Binnenmarkt ein Erfolg. Aber ein Binnenmarkt als

* Siehe hierzu: Wilhelm Hankel, „Das große Geld-Theater", Stuttgart 1995.

eine Art gehobene Freihandelszone wird nicht Bestand haben, wenn dem Ganzen nicht eine weitergehende politische Integrationsperspektive zugrunde liegt."*

Ein guter Satz. Nur: Wo ist diese verbindlich-politische Perspektive? Sie existiert nicht. Der Erfolg hängt also ab von einer Tatsache, die es nicht gibt?

Ich freue mich, daß im Vorfeld der Regierungskonferenz 1996 – ein Vorhaben nach dem Vertrag von Maastricht – eine breite öffentliche Diskussion entstanden ist. Diese Konferenz soll alles prüfen und neu bedenken. Sogar die Brüsseler Kommission spricht von „schwerwiegenden Unzulänglichkeiten". Ob man die Zahl der Kommissare herabsetzt, die Präsidentschaft in längeren Zeitabständen wechselt, die Möglichkeiten von Mehrheitsentscheidungen vermehrt usw. – entscheidend ist, ob Europa ein Konzert europäischer Nationalstaaten bleibt oder ob es sich aufrafft im Sinne Monnets, „eine Föderation des Westens" zu schaffen.

Ich bin für eine europäische Währung, weil ich für die europäische Föderation bin. Eines ohne das andere, das bringt nichts Gutes!

Die Europäische Union wird beherrscht vom Ministerrat und der Europäischen Kommission. Bei ihnen, nicht beim Europäischen Parlament, liegt die europäische Gesetzgebung. Das Parlament, obwohl vom Volk direkt gewählt, hat wenig zu sagen.

Da es nach diesem Vertrag kein europäisches Staatsvolk gibt, auch nicht geschaffen werden soll, steht dieses Parlament auf Stelzen, bleibt es beim *Vorrang der nationalen Parlamente.*

Der Zustand ist skandalös: Der Deutsche Bundestag

*Aus: „Welt am Sonntag", 14. Mai 1995.

hat nicht mehr alle Zuständigkeiten, die er zur Förderung des Gemeinwohls braucht, und das Europäische Parlament verfügt noch nicht über alle notwendigen Rechte. Das demokratisch zu nennen, ist Heuchelei.

Die Regierungen Europas kennen die offenkundige Peinlichkeit dieses Defizits an Demokratie. Sie sprechen selbst davon, spielen aber ein unaufrichtiges Spiel: So verabschiedete der deutsch-französische Gipfel am 5. Dezember 1996 in Nürnberg ein dickes „Papier" (144 Seiten) mit der prahlerischen Überschrift *„Anpassung der Europäischen Union zum Nutzen ihrer Bürger"*. Es gilt der Vorbereitung auf die Revision des Maastricht-Vertrages. Das Dokument bekennt sich wortstark „zur europäischen Demokratie".

Wer nun erwartet, Beschlüsse über die Rechte der europäischen Bürger lesen zu können, wird enttäuscht. Schlimmer, er wird an der Nase herumgeführt: Die Regierungen begnügen sich, „Wünsche der Bürger" aufzuschreiben! Zum Beispiel diesen: „Sie wünschen sich eine nachvollziehbare und transparente Gestaltung der Einrichtungen der Union." Wie wahr!

Indes, was geschieht? Das Demokratie-Defizit wird vergrößert und vertieft!

Die „Süddeutsche Zeitung" vom 11. Dezember 1996 berichtet unter der Überschrift „Prospektbetrug":

> *Mehr Rechte für das Europäische Parlament gibt es nicht, vielmehr werden ihm klammheimlich Kompetenzen entzogen: Im Bereich der zweiten und dritten Säule (also der Außenpolitik sowie der Innen- und Justizpolitik) werden ihm Mitsprachemöglichkeiten beim Haushalt genommen. Gleichzeitig soll die Euro-Polizei Europol „operative Befugnisse" erhalten, also euro-*

paweit schalten und walten, ermitteln und verhaften dürfen – ohne demokratische Einbindung. Nicht einmal der Hebel Geld bleibt den Parlamentariern, um ein wenig Einfluß darauf zu behalten. Bei der geplanten Vergemeinschaftung bestimmter Bereiche der Innen- und Rechtspolitik lautet die Regel: Die nationalen Regierungen sollen maximalen Einfluß behalten. Bei dieser Sachlage ist verständlich, daß man das Licht scheut und die vollmundig versprochene Transparenz verhindert: „Der Rat legt die Bedingungen fest, unter denen die Öffentlichkeit Zugang zu Dokumenten des Rats erhält." So soll es künftig sein – und das ist nichts anderes als die Kodifizierung der gegenwärtigen Heimlichkeitspraxis. Immer öfter müssen sich Journalisten Informationsfreiheit beim Europäischen Gerichtshof erzwingen.

Das ist die Realität – und so soll es offenbar bleiben. Die Regierungen arbeiten am gemeinsamen Europa nach der Devise: Licht aus! Demokratie stört.

Es kommt hinzu, daß unser Grundgesetz im Artikel 79 Absatz 3 bestimmt: „Eine Änderung dieses Grundgesetzes, durch welche die Gliederung des Bundes in Länder, die grundsätzliche Mitwirkung der Länder bei der Gesetzgebung oder die in Artikel 1 und 20 niedergelegten Grundsätze berührt werden, ist unzulässig."

Also darf – nach diesem Identitäts- und Ewigkeits-Prinzip unserer Verfassung – keine Mehrheit diese Errungenschaften unserer Geschichte – Rechtsstaat, Bundesstaat, parlamentarische Demokratie – abschaffen oder beeinträchtigen.

Ob und wie der Vertrag von Maastricht diesen Normen entspricht oder widerspricht – diese Frage war Gegenstand eines Verfahrens vor dem Bundesverfassungsgericht. Es sagte ja – unter Konditionen. Das wird noch zu betrachten sein.

Das unbestreitbare demokratische Defizit des Maastrichter Vertrages stärkt das Unbehagen gegenüber der Europäischen Union, fördert die Furcht vor dem undurchschaubaren, unheimlichen Brüsseler Monstrum. Ich stimme der „Frankfurter Allgemeinen Zeitung" zu, die am 10. November 1994 schrieb: „Die Bürger erleben Europa als eine große Maschine, auf deren Gang sie wenig Einfluß nehmen können. Das Unbehagen über das demokratische Defizit der Union ist verbreitet ... Demokratischer Zentralismus war immer schon ein Widerspruch in sich. Gewinner der Zentralisierung werden nicht die Bürger sein, sondern die Koalition der Mächtigen aus der öffentlichen Verwaltung und ein paar große Unternehmen." Sie fragt deshalb, „ob das politische Ziel der Einigung das ganze Ausmaß der damit verbundenen Gängelei wert" sei oder ob „der Verlust an Vielfalt und damit eben auch an Freiheit nicht doch schwerer wiegt als alles andere".

*

Bundestag und Bundesrat verabschiedeten zusammen mit der Billigung des Vertrages am 2. Dezember bzw. am 18. Dezember 1992 Entschließungen, die, nimmt man sie genau, das Ja zum Vertrag in Frage stellen. Da wird zum Beispiel vom Deutschen Bundestag gefordert, den Rang der politischen Union anzuheben, sie demokratisch zu legitimieren, die Rechte des Europäischen Parlaments zu stärken usw. Und es heißt da: „Die demokratische Kontrolle europäischer Entscheidungen und ihre Bürgernähe müssen gesichert sein, und der Sorge der Bürgerinnen und Bürger vor einem bürokratischen Zentralstaat, vor dem Verlust der demokratischen Kontrolle und der kulturellen und nationalen Identität ist Rechnung zu tragen."

Der Vertrag entspricht – bisher – diesen Forderungen nicht. Also will der Deutsche Bundestag im Grunde einen anderen Vertrag. Gleichwohl hat er diesen Maastrichter Vertrag ratifiziert.

Aus dem entsprechenden Beschluß des Bundesrates: Der für 1996 vorgesehenen Regierungskonferenz „muß jedoch eine umfassende öffentliche Debatte auf allen Ebenen der Gemeinschaft vorangehen, in der die Grundentscheidungen für das künftige Europa geklärt werden ... Die Grundprinzipien für eine künftige Ordnung müssen herausgearbeitet werden."

Also gibt es diese Prinzipien noch nicht.

Man sagte Ja mit dem Vorbehalt des Nein.

Die knappen Entscheidungen zum Vertrag in anderen europäischen Staaten werden das Ihre dazu tun – und alles wird neu zur Sprache kommen. Gewiß ist, daß fast alles ungewiß ist.

*

Deutschland hat mit seinem Drängen auf die Vereinigung Europas gut getan. Es stand, wie zitiert, im Wort, deutsche und europäische Einheit gleichermaßen anzustreben.

Nun aber gilt es, aus dem mit heißer Nadel zusammengenähten Vertrag eine solide und konkrete Grundlage für die künftige europäische Wirklichkeit zu schaffen. Dabei ist es nötig, der Brüsseler Gigantomanie zu widerstehen, sie aufzulösen, wo sie schon entstanden ist, um mit den Grundsätzen des Föderalismus Europa nach dem Subsidiaritätsprinzip von unten nach oben zu bauen. Wettbewerb, das gilt doch durchgängig, ist das „genialste Kontrollinstrument der Geschichte“ (Franz Böhm). Man sollte Wettbewerb zwischen Ministerrat, Parlament und Kommission, zwischen der Europäischen Union und ihren Mitgliedern so organisieren, daß der Bürger sehen und begreifen kann, was geschieht. In Brüssel entsteht ein undurchschaubarer Moloch des Zentralismus, wie wir ihn in Deutschland für uns weder wollen noch dulden würden.

Auch das Bundesverfassungsgericht hat sich in seinem Urteil vom 12. Oktober 1993 zum Vertrag, wie gesagt, nur mit Mühe zu einem Ja – mit Auflagen – durchgerungen:

Die demokratische Legitimation erfolge in der Europäischen Union „durch die Rückkoppelung des Handelns europäischer Organe an die Parlamente der Mitgliedsstaaten“. Wir werden sehen, ob und wie weit diese waghalsige Konstruktion trägt – auch wie sie Gestalt annimmt.

Das Bundesverfassungsgericht betont, „daß spätere, wesentliche Änderungen des im Unionsvertrag angelegten Integrationsprogramms und seiner Handlungsermächtigungen nicht mehr vom Zustimmungsgesetz zu diesem Vertrag gedeckt sind“.

So kommt der wissenschaftliche Dienst des Deutschen Bundestages zu der Feststellung, daß die „Gemeinschaftsgewalt“ dieses Staatenverbundes „sich von den Mitgliedsstaaten ableitet und im deutschen Hoheitsbereich nur kraft des deutschen Rechtsanwendungsbefehls verbindlich wirken“ könne.

Juristen können das vermutlich verstehen ...

Dem Zeitungsleser offenbart sich diese Wirklichkeit zum Beispiel so:

Wenn der Bundesrat an diesem Freitag über den künftigen Satz der Mehrwertsteuer in Deutschland beschließt, ist er nur noch zum Teil Herr der Entscheidung. Denn Bundesfinanzminister Waigel hatte schon am 24. Juni des vergangenen Jahres im Namen Deutschlands einem Kompromiß des Ministerrats der Europäischen Gemeinschaft (EG) zugestimmt, wonach von Beginn nächsten Jahres an in allen zwölf EG-Ländern bei der Mehrwertsteuer ein Normalsatz von mindestens 15 Prozent und – für Güter des lebensnotwendigen Bedarfs – ein ermäßigter Satz von nicht weniger als 5 Prozent gelten sollen ... Die Auseinandersetzung zwischen Bundesregierung und Opposition über die Mehrwertsteuer ist ein Beispiel dafür, wie stark schon heute die Dynamik der europäischen Einigung in die Zuständigkeiten der nationalen Parlamente eingreift und wie wenig dagegen unternommen werden kann ... Erst jetzt scheint man in Deutschland zu erkennen, in welchem Umfang Brüssel dem nationalen Gesetzgeber Vorgaben macht. Man mag es bedauern, daß die schleichende Entmachtung der nationalen Parlamente nicht einmal vor der Steuergesetzgebung Halt macht, dem ureigensten Recht eines jeden Parlaments; zu ändern ist das jedoch nicht. (So „Frankfurter Allgemeine Zeitung", 14. Februar 1992)

*

„Rückkoppelung an die nationalen Parlamente", da allein

diese die Staatsvölker vertreten, fordert das Bundesverfassungsgericht. Was soll da „rückgekoppelt“ werden? Alles, nur nicht das Geld? Wer entscheidet über das Geld? Eine europäische Bank ohne parlamentarische Kontrolle? Oder alle nationalen Parlamente zusammen und gemeinsam? Wie soll das gehen?

Parlamentarische Kompetenzen entstanden in Europa durch Mitwirkung der Gewählten (oder Ernannten), in Fragen der Steuern, des Haushalts, des Geldwesens. Und nun soll ein „demokratisches“ Europa entstehen, das gerade diese Grundwurzel der Parlamente hintansetzt?

Auch die Deutsche Bundesbank arbeite ohne parlamentarische Kontrolle? Pardon: Finanz-, Wirtschafts- und Sozialpolitik entstehen in Deutschland im Zusammenwirken von Regierung, Parlament, Bundesbank und Tarifpartnern. Wer jedoch setzt diese Rahmenbedingungen in Europa? Wer für die Europa-Bank?

Ich vermag beim besten Bemühen nicht zu erkennen, daß gemeinsames Geld ohne gemeinsame Politik funktioniert und irgendeinen dauerhaften Vorteil für Deutschland bewirkt.

*

Deutschland hat ein Interesse daran, daß die Europäische Vereinigung nicht Schaden nimmt, weil sie zu hastig, zu überfrachtet oder zu wenig organisch vor sich geht. Starre Fahr- und Zeitpläne sind oft schlechter als lockere Verabredungen.

Man stelle sich vor: Das Datum der Wirtschafts- und Währungsunion mit dem gemeinsamen Geld (1. Januar 1999) bliebe bestehen und nur einige Staaten Europas erfüllten die Bedingungen. Das führte nicht nur zum Europa „mit zwei Geschwindigkeiten", sondern zu einer bedeutenden Spaltung in Europa – auf dem Wege zur Vereinigung und zum Zwecke der Vereinigung. Welchen Sinn macht das?

In Deutschland wäre der nächste Bundestagswahlkampf (1998) voll belastet mit den Sorgen um den Verlust der D-Mark zugunsten des Brüsseler Zentralismus. Was kann da alles aufbrechen und ausbrechen?

Manchmal ist es nicht der schlechteste Rat, sich noch Zeit zu nehmen. Wichtig ist, daß Europa zusammenfindet. Die Weichen sind doch gestellt. Wann das geschieht, ist demgegenüber weniger wichtig. „Die Kriterien bestimmen den Zeitplan". So die CSU aus Kreuth. („FAZ", Januar 1997)

Es ist etwas anderes, wenn zehn Staaten voranschreiten und wenige später nachkommen, als wenn drei bis vier die anderen zurücklassen.

Die Regierungskonferenz 1996 könnte, anders als einer der Mitgliedsstaaten (!), beschließen:

1. Die Kompetenz-Kompetenz-Klausel aus dem Vertrag zu streichen und das Subsidiaritätsprinzip stärker zu betonen.
2. Die Kultur-Zuständigkeiten der Europäischen Union ersatzlos zu streichen – unser Bundesstaat funktioniert gut bei Kulturhoheit der Länder.
3. Die Zahl der Mitglieder der Europäischen Kommission zu halbieren. Die Sitze könnten alternieren wie die der nicht-ständigen Mitglieder im Sicherheitsrat der Vereinten Nationen.
4. Einen besseren Zeitpunkt für die gemeinsame Währung zu bestimmen – nämlich zusammen mit der gemeinsamen Politik in Sachen Außen-, Verteidigungs-, Asyl- und Antikriminalitätspolitik.

Ich fürchte, daß sich das alles – und selbst weniges davon – 1997 nicht wird durchsetzen lassen. So wäre es weise, sich Zeit zu nehmen und eine weitere Regierungskonferenz sowie das Europäische Parlament mit der Überprüfung und Neuorientierung dieses Vertrages von Maastricht zu beauftragen. Das Jahr 2000 wäre dafür ein angemessener Termin.

Ein solcher Beschluß der Regierungskonferenz würde den *andauernden* Willen zur Vereinigung Europas unterstreichen, den Prozeß hierzu nicht unterbrechen, sondern *verstärken* und die Chance, das Ziel zu erreichen, verbessern.

Auch muß man beachten, daß aus dem Europa der „zwei Geschwindigkeiten" nicht ein Europa mit einem Dutzend Geschwindigkeiten wird – also der Nationalstaat durch die Hintertür Einzug hält.

Gewiß, die voranschreiten wollen und können, dürfen nicht gehindert werden, das zu tun. Aber sie sind gefragt, ob es klug ist, mit wenigen eine Einheit zu suchen, die für alle angestrebt wird.

*

Zwischen den Niederlanden, Österreich und Deutschland hat der Markt schon eine De-facto-Währungsunion geschaffen. Er konnte das, weil die Strukturen und die Politiken dieser Länder stark aneinander angenähert sind.

Ansonsten klaffen Politik und Strukturen der europäischen Länder auseinander. Das begünstigt oder erleichtert die Währungsunion mit dem einheitlichen Geld nicht.

Auch ist zu beachten, daß die Beitritte zur Europäischen Union durch Finnland, Österreich und Schweden erfolgt sind. Die Beitritte von Polen, der Slowakei, Tschechien und Ungarn werden ohne Datum angestrebt.

Das verändert die ursprünglich west-europäisch angelegte Europäische Wirtschaftsgemeinschaft zur fast gesamteuropäischen Europäischen Union.

*

Es hat keinen Sinn zu übersehen, daß in Großbritannien die Zahl der Bürgerinnen und Bürger ansteigt, die lieber die Europäische Union verlassen als die politische Integration Europas fortsetzen wollen (41 : 38, April 1996).

Der britische Premierminister J. Major brachte das im „Sunday Express“ am 21. April 1996 unmißverständlich zum Ausdruck: „It just shows there is no such thing as what is good for Europe. The only thing that counts is what is good for each country.“

Major sprach aus, was viele denken! Wir sind noch weit entfernt vom Denken in europäischer Solidarität.

Die muß man auch wollen! Wo dieser Wille fehlt, bleibt alles an der Oberfläche von Formelkompromissen hängen. Da kann man von Europa reden, erwünschte Ergebnisse aufschreiben und so fort – wenn's drauf ankommt, löst sich das auf in Schall und Rauch.

Ein Beispiel:

Wie oft haben die Europäer nicht schon mit treuherzigem Blick versprochen, in der Welt mit einer Stimme zu sprechen und eine gemeinsame Außenpolitik zu betreiben. Was von den Beteuerungen zum gemeinsamen Handeln tatsächlich zu halten ist, führen internationale Konflikte auf beschämende Weise regelmäßig vor: nicht viel. Das jüngste traurige Beispiel liefert die Liba-

non-Krise. Noch nicht einmal zur Koordination sind die Europäer willens oder in der Lage. Frankreichs Außenminister begibt sich auf eigene Vermittlungsmission und wird in Israel kurzerhand abgekanzelt. Die italienische Ratspräsidentschaft fühlt sich hintergangen und schickt die EU-Troika in die Krisenregion. Paris nennt die israelischen Luftangriffe einen Akt der Geiselnahme libanesischer Zivilisten, der britische Verteidigungsminister äußert wohlwollendes Verständnis. Offenbar haben solche Dissonanzen und Extratouren Methode. Wer sich beim Krisenmanagement immer wieder selbst in die Quere kommt, *braucht sich nicht darüber zu wundern, daß er kaum Eindruck auf die Konfliktparteien macht und daß er im Nahen Osten keine politische Rolle spielt. Dort – wie anderswo – wartet man dann schon lieber auf die Amerikaner.* („FAZ", 17. April 1996)

Im Zusammenhang mit dem Problem der Rinder-Seuche BSE machte London eine nationalistische Politik – ohne Rücksicht auf die Nachbarn und die Verabredungen in der Europäischen Gemeinschaft. London weigert sich hartnäckig, Souveränitätsrechte an die Europäische Gemeinschaft abzugeben.

Aus Paris ist ähnliches zu vernehmen.

Die Spatzen pfeifen es von den Dächern: Die fünfzehn Mitgliedsstaaten der Europäischen Union finden sich schwer zu gemeinsamer Politik zusammen. Das Gebot der Einstimmigkeit hemmt zusätzlich. Die bisherigen Verfahren reichen schon zu Fünfzehn nicht aus. Man weiß und diskutiert das. Wie will man ohne eine vollzogene (!) Reform die Union auf 20 oder 22 Mitglieder erweitern? Fehlt es am Willen? Papiere gibt es genug. „Es ist der Geist, der sich den Körper baut" (Wieland). Mangelt's daran?

Zudem: Die europäischen Terminpläne für die „Vertiefung", also die Reform der Europäischen Union und ihre „Erweiterung" stoßen sich an der Tatsache, daß 1997 im Frühjahr in Großbritannien Wahlen sein werden. Man tut gut daran einzurechnen, daß viele Projekte aus London – zumindest bis zu diesen Wahlen – gebremst werden. Und sollte nach diesen Wahlen in London ein anderer Wind wehen, so läuft gleichwohl den europäischen Plänen die Zeit davon. Und: Ende 1997 soll die Entscheidung darüber fallen, was wann konkret aus der Europäischen Währungsunion wird.

Weiter: Deutschland wählt 1998.

Die europäischen Terminpläne müssen am grünen Tisch entworfen worden sein. Natürlich würden bei gutem Willen aller aus diesen Hemmnissen lösbare Probleme. Bei gutem Willen aller ...

Die Realität ist anders: Inzwischen drohte man aus London mit dem Veto gegen alle Vorhaben und Beschlüsse zur nötigen Reform der Europäischen Union. Und ohne diese Reformen dürfte es keine Beitritte mittel- und osteuropäischer Staaten zur Europäischen Union geben.

*

„Welchen Sinn hat Europa?", fragt Eric John Hobsbawm („Die Zeit", 4. Oktober 1996). Europa existiere ausschließlich als konstruierter Begriff. „Auf ein Jahrtausend der europäischen Defensive folgte ein halbes Jahrtausend der Welteroberung durch Europäer, das heute zu Ende ist ... Seit dem Ende der UdSSR, die durch ihre

Existenz Europa zusammenkittete, und besonders heute, wo alle Staaten zwischen Gibraltar und Wladiwostok sich auf parlamentarische Demokratie und freien Markt berufen, ist klar, daß die programmatische Definition nicht klappt."

Warum nicht?, frage ich dagegen. Indem wir Europa in seiner Vielfalt und in seinen Prozessen als die Region der Menschenrechte begreifen und in der Europäischen Union Gestalt gewinnen lassen, definieren und schaffen wir Europa, geben wir ihm Sinn.

*

Um Mißverständnisse zu vermeiden: Ich will den EURO, die gemeinsame europäische Währung. Gerne erweise ich meinen Kollegen den Respekt, die sich – oft mit markigem bloßem „Ja!" – der Werbung für den EURO zur Verfügung stellen. Ob das nicht auch etwas argumentativer und dialogfreudiger gehen könnte?

Wie soll, so frage ich immer wieder, gemeinsames Geld ohne gemeinsame Politik funktionieren? Wie soll das gut gehen und Gutes bewirken?

Wie soll die Europäische Union gedeihen und wachsen ohne gemeinsame Verteidigung? Wie mit nur marginaler Kompetenz in Sachen Verbrechensbekämpfung, Polizei, innere Sicherheit? Wie soll eine Gemeinschaft zusammenwachsen, wenn nur knapp die Hälfte ihrer Mitglieder zum EURO voranschreitet?

Weil ich das gemeinsame europäische Geld will, rate ich, sich etwas mehr Zeit zu nehmen. Wer den Karren zu voll lädt und dann auch noch die Geschwindigkeit steigert, überfrachtet und riskiert Achsenbruch.

Ich warne mit Bedacht. Ein Fehlstart mit dem EURO

wäre für Europa schlimmer als eine Verschiebung des Termins *bei gleichzeitiger Bekräftigung des Zieles.* Ein solcher Fehlstart begrübe die Hoffnung, wir kämen doch noch zum vereinten Europa.

*

Ich sehe, wie etliche der Verantwortlichen dabei sind, die Kriterien für den EURO aufzuweichen. Ist ihnen etwa der Termin wichtiger als gutes Geld? Der Termin entscheidender als das Funktionieren der Währungsunion?

Da wird schon herummanipuliert an den Kriterien: Die Ziffern der Kriterien seien keine feste Größe! „Die Mitgliedschaft wegen der *Tendenz* (!) der Entwicklung (wird) für möglich gehalten.“ So zitiert Hans-Dietrich Genscher europäische Institute („Welt am Sonntag“, 3. November 1996). Auch der frühere Außenminister Italiens, Gianni de Michelis, betont: „Aber damals war ganz klar, daß es nicht entscheidend war, die 60-Prozent-Grenze zu erreichen, sondern die *Tendenz* nachzuweisen, daß sich die Staatsschuld gemessen am Bruttoinlandsprodukt verringert.“ (ebenda)

Wer hat nicht noch die feierlichen Schwüre zugunsten der Unverrückbarkeit der Beitrittskriterien lebhaft im Gedächtnis? Wenn zum Desaster mit dem Geld ein Verlust an Vertrauen der Bürgerinnen und Bürger hinzukäme? Wer will das verantworten?!

*

Der französische Finanzminister Bérégovoy erklärte: „Die Europäische Zentralbank wird in der Innenpolitik der Gemeinschaft Geldschöpfung und Zinssätze in einer unabhängigen Weise beeinflussen – aber nur innerhalb ökonomischer *Anweisungen* –, welche sich aus der politischen Verantwortung ergibt, die sich auf den Europäischen Rat gründet."

Bei dieser Interpretation – würde sie Realität – wäre der Unabhängigkeit der Europäischen Zentralbank der Garaus gemacht! „Unabhängigkeit" durch „Anweisungen" der politischen Führung?

Die Kommission der Europäischen Union betont immer wieder, daß *„die Glaubwürdigkeit"* das entscheidende Erfordernis für die Währungsunion sei ...

Es muß erlaubt sein, an dieses Wort des deutschen Bundeskanzlers zu erinnern: Die Verzahnung von Fortschritten bei der politischen und der Währungsunion sei eine „unabdingbare Forderung" (27. August 1991).

Bleibt zu fragen, ob und warum der einheitliche Markt – auch ohne gemeinsame Politik – eine einheitliche Währung braucht? Und weiter: Warum für das Geld eine neue, irreversible europäische Integration stattfinden soll – nicht aber die einheitliche Verbrechensbekämpfung etc. Was soll gemeinsames europäisches Geld, wenn z. B. die Haushaltspolitik der Souveränität der Mitgliedsstaaten anvertraut bleibt?

Auch ohne gemeinsames Geld wächst Europa zunehmend zusammen. Ein doktrinärer Termingrund erweckt den (bösen) Eindruck, man wolle etwas erzwingen, das noch nicht „reif" sei.

Einige Mitgliedsstaaten erweisen sich als Meister in Bilanztechniken. Durch Maßnahmen, die nur *einmal* wirken, behaupten sie, das Klassenziel bei den Kriterien „Staatsschulden" zu erreichen. Das ist Manipulation statt *dauerhafter* Konsolidierung der Staatsfinanzen. Buchungstechnische Findigkeiten zu beweisen genügt nicht.

Auf die Substanz ehrlicher, *dauerhafter* Konsolidierung ist zu achten! Diese Täuschungen erlauben keinesfalls, sich mit der „*Tendenz*" zum Besseren zufriedenzugeben!

Trickserei als Pate des EURO?

Bitte nicht!

Die Deutsche Bundesbank sprach in einem ihrer Gutachten davon, daß die Währungsunion „insbesondere für die Bundesrepublik Deutschland *beträchtliche* Stabilitätsrisiken bewirke".

*

Schon diese wenigen Hinweise und Fragen zeigen, daß es Probleme gibt, die noch ganz und gar nicht ausdiskutiert sind. Zur Stunde gibt es Ermahnungen, Erwartungen und Annahmen. Mehr Fragen als Antworten. Der Sieg folgt immer der Hoffnung – und die wächst aus wohlinformierter, gut bedachter und solide gewonnener Einsicht und – aus dem Glauben.

Ich fürchte, man wird sich sehenden Auges blind stellen:

1. Über die Tricksereien hinwegsehen, die darin bestehen, durch *einmalige* Haushaltsmaßnahmen die im Vertrag *dauerhaft* verlangte Solidität vorzutäuschen;
2. sich anstelle der realen Zahlen im Sinne der vertraglich normierten Kriterien mit „*Tendenzen*" der Haushaltsentwicklung zufrieden geben;
3. die europäische *Bank in die Abhängigkeit vom Ministerrat* degradieren und in den Ministerrat möglichst viele Mitglieder aufnehmen, indem man die Kriterien „großzügig" und „politisch" auslegt und

so leichter zur Mehrheitsbildung gegen die wenigen Staaten, die eine harte Währung wollen, kommt.

So wird die gute europäische Idee Schaden nehmen und die Stabilität des Euro nicht entstehen. Mit anderen Worten: Man wird dem Publikum einen „EURO" vorzaubern und ein „Europa" anpreisen, deren Namen die Realität verbergen, also – Pardon! – zugleich „Europa" und den „EURO" diskreditieren.

Besser wäre es, von dieser Karikatur Europas die Finger zu lassen und den hier vorgeschlagenen soliden Weg zu Inhalten zu gehen, welche die anspruchsvollen Namen rechtfertigen.

*

Mit der Wiedervereinigung Deutschlands und dem Ende des Ost-West-Konfliktes entstand die Chance, Europa zusammenzuführen und zu vereinigen.

Realismus gebietet, diesen Prozeß mit vorhandenen Bausteinen und von vorhandenen Institutionen aus zu gestalten. Sie heißen: NATO und EUROPÄISCHE UNION.

Manche sprechen davon, beide nach Osten *„auszudehnen"*. Rußland antwortet darauf mit Kriegsdrohung.

NATO wie Europäische Union sind Einrichtungen des *freiwilligen* Zusammenschlusses souveräner Staaten. So kann die Frage nicht heißen, ob sie sich ausdehnen, sondern ob sie offen sind für den freiwilligen *Beitritt* anderer souveräner Staaten.

Sollten die Moskauer weiterhin ernsthaft versuchen, die freiwilligen Beitritte dieser unabhängigen Staaten zu verhindern, so hindern sie Rußland, ins gemeinsame „Europäische Haus" einzutreten. Denn da kommt nur herein, wer Gleichberechtigung bejaht und Hegemonie ausschließt, wer Zusammenarbeit will und Rivalität ablehnt.

NATO/WEU/OSZE

Als der Ost-West-Konflikt zu Ende ging, galt für das westliche Verteidigungsbündnis, die NATO („North Atlantic Treaty Organization", Nordatlantikpakt), diese dem „*Harmel-Bericht*" entnommene Strategie:

Die Atlantische Allianz hat zwei Hauptfunktionen. Die erste besteht darin, eine ausreichende militärische Stärke und politische Solidarität aufrechtzuerhalten, um gegenüber Aggression und anderen Formen von Druckanwendung abschreckend zu wirken und das Gebiet der Mitgliedsstaaten zu verteidigen, falls es zu einer Aggression kommt. Seit ihrer Gründung hat die Allianz diese Aufgabe erfolgreich erfüllt. Aber die Möglichkeit einer Krise kann nicht ausgeschlossen werden, solange die zentralen politischen Fragen in Europa, zuerst und zunächst die Deutschlandfrage, ungelöst bleiben. Außerdem schließt die Situation mangelnder Stabilität und Ungewißheit noch immer eine ausgewogene Verminderung der Streitkräfte aus. Unter diesen Umständen werden die Bündnispartner zur Sicherung des Gleichgewichts der Streitkräfte das erforderliche militärische Potential aufrechterhalten und dadurch ein Klima der Stabilität, der Sicherheit und des Vertrauens schaffen.

In diesem Klima kann die Allianz ihre zweite Funktion erfüllen: die weitere Suche nach Fortschritten in Richtung auf dauerhafte Beziehungen, mit deren Hilfe die grundlegenden politischen Fragen gelöst werden können. Militärische Sicherheit und eine Politik der Entspannung stellen keinen Widerspruch, sondern eine gegenseitige Ergänzung dar. Die kollektive Verteidigung ist ein stabilisierender Faktor in der Weltpolitik. Sie bildet die notwendigen Voraussetzungen für eine wirksame, auf größere Entspannung gerichtete Politik. Der Weg zu Frieden und Stabilität in Europa beruht vor allem auf dem konstruktiven Einsatz der Allianz im Interesse der Entspannung.

Die Beteiligung der UdSSR und der Vereinigten Staaten wird zur wirksamen Lösung der politischen Probleme Europas erforderlich sein. (14. Dezember 1967)

Nachdem diese defensiven Ziele erreicht waren, begann die NATO von der Konfrontation zur Kooperation mit den Staaten Mittel- und Ost-Europas überzugehen. Und diese suchten die Nähe zur NATO, wünschten Zusammenarbeit und Mitgliedschaft.

Die NATO zeigte sich bereit zur Öffnung, man verabredete die „Partnerschaft für den Frieden" – eine Zusammenarbeit unterhalb der formellen Mitgliedschaft im Bündnis. Es ist beabsichtigt, im Frühjahr 1997 die Staaten zu benennen, die in den nächsten Jahren Vollmitglieder werden sollen. Man spricht in diesem Zusammenhang von Polen, Ungarn, der Tschechischen Republik und Slowenien.

Viel hängt von den USA ab, weil sie die atomare Sicherheitsgarantie geben.

*

Die „Organisation für Sicherheit und Zusammenarbeit in Europa" (OSZE) bemüht sich, eine europäische Sicherheitsstruktur auszuarbeiten und zu verwirklichen. Rußland ist einer der 54 Mitgliedsstaaten. Auch die USA und Kanada gehören dazu.

Die OSZE ist aus der „Konferenz für Sicherheit und Zusammenarbeit in Europa" (KSZE) hervorgegangen, die zur Entspannung in Europa beitrug – vor allem durch die „Schlußakte von Helsinki" (1. August 1975), die sich auch mit den Menschenrechten befaßte.

Rußland bemühte sich, die OSZE als Dach oberhalb der westlich geprägten NATO und der WEU („Westeuropäische Union") wirksam werden zu lassen. Rußland drang mit diesem Begehren, die westlichen Sicherheits-Institutionen gewissermaßen unter *„Kuratel"* zu stellen, nicht durch.

Auf ihrer Konferenz in Lissabon am 3. Dezember 1996 faßte die OSZE wichtige Beschlüsse: Alle 54 Staaten seien gleichberechtigt. Jedes Land solle die Freiheit haben, sich das Bündnis auszuwählen, in dem es mitarbeiten wolle. Die OSZE strebt an, künftig eine „Koordinierungsrolle" in der künftigen „Sicherheitsarchitektur" auszuüben. Man wird sehen, ob das nur salvatorische Klauseln sind oder ernste Vorhaben. Die „Süddeutsche Zeitung" spricht schon vom „hohen Ermüdungswert" der OSZE-Erklärungen.

Im Januar 1994 hat die Allianz ihre grundsätzliche Bereitschaft erklärt, sich für neue Mitglieder zu öffnen. Sie erhebt keine Forderung, ausländische Bündnistruppen in neuen Mitgliedsstaaten zu stationieren. Sie weigert sich, multinationale europäische Institutionen wie Europäische Union, West-Europäische Union und OSZE über- oder unterzuordnen. Die Erweiterung der NATO und die der Europäischen Union werden zwar im Zusammenhang gesehen, aber ohne zeitliche oder sachliche Verknüpfung betrieben.

EU-Staaten Ost- und Mitteleuropas haben den Wunsch ausgesprochen, Mitglied in der NATO zu werden. 1997 wird die NATO entscheiden, welchen Anwärtern die Bereitschaft zur Aufnahme mitgeteilt wird.

Mit Rußland haben privilegierte Konsultationen stattgefunden. Immer wieder wird aus Moskau – oft markig – betont, die Erweiterung der NATO sei ein gegen Rußland gerichteter, aggressiver Akt. Wohlinformierte erwarten eine Lösung, falls die Staaten des Baltikums und die Ukraine nicht Mitglieder der NATO würden und ihre militärische Infrastruktur nicht näher an Rußland herangeschoben würde.

Zugleich berät die NATO über Reformen ihrer inneren Strukturen und ihr Verhältnis zur Westeuropäischen Union. Frankreich strebt zurück ins Bündnis, bevor die Vorbereitungen über die Aufnahme neuer Mitglieder abgeschlossen sind.

Auch will Frankreich an die Stelle US-amerikanischer Kommandeure europäische Generale setzen.

Europäische Union

Die Europäische Union hat sich aus der „Europäischen Wirtschaftsgemeinschaft" der Staaten Belgien, Deutschland, Frankreich, Italien, Luxemburg und Niederlande entwickelt. Das sind die sechs Gründungsmitglieder. Das Vertragsziel haben sie bei ihrer Gründung am 25. März 1957 so formuliert: „In dem festen Willen, die Grundlagen für einen immer engeren Zusammenschluß der europäischen Völker zu schaffen – entschlossen, durch gemeinsames Handeln den wirtschaftlichen und sozialen Fortschritt ihrer Länder zu sichern, indem sie die Europa trennenden Schranken beseitigen ... – entschlossen, durch diesen Zusammenschluß ihrer Wirtschaftskräfte Frieden und Freiheit zu wahren und zu festigen, und mit der Aufforderung an die anderen Völker Europas, die sich zu den gleichen hohen Zielen bekennen, sich diesen Bestrebungen anzuschließen ..."

Die Europäische Gemeinschaft ist mithin offen für andere europäische Staaten. Dieser Einladung folgten im Laufe der Jahre Dänemark, Griechenland, Irland, Portugal, Spanien, Großbritannien. Sie sind – mit den sechs Gründungsmitgliedern – Partner des „Maastrichter Vertrages" vom 7. Februar 1992.

*

NATO und Europäische Union sind grundsätzlich offen für neue Mitglieder, die beitreten wollen und die – vor allem die demokratischen – Voraussetzungen erfüllen.

Den Antrag, der Europäischen Union beizutreten, haben gestellt: Polen, Ungarn, Rumänien, die Slowakische

Republik. Mit diesen Staaten wurden „Europa-Abkommen“ geschlossen wie auch mit der Tschechischen Republik, mit Bulgarien, Lettland, Estland, Litauen und Slowenien.

Diese Länder sollen – so die EU – „Mitglieder der EU werden können, sobald sie in der Lage sind, den mit einer Mitgliedschaft verbundenen Verpflichtungen nachzukommen und die erforderlichen wirtschaftlichen und politischen Bedingungen zu erfüllen“ (Europäischer Rat, Juni 1993, Kopenhagen).

Diese Abkommen, die durch ein enges Netz vertraglicher Beziehungen die Europäische Union nach Osten öffnen und den Staaten dort ihre Annäherung an die Europäische Union erleichtern, zeigen bereits Wirkung: Schon jetzt gehen bis zu 70 Prozent der Exporte dieser Länder in die Europäische Union und in die Beitrittsländer. Von 1990 bis 1993 vergab die Europäische Union 18,4 Milliarden D-Mark an Zuschüssen und Krediten an diese Länder. Seit 1990 hat allein Deutschland 37,5 Milliarden D-Mark für diese Staaten aufgebracht.

Wenn die Europäische Union mehr als 20 Mitglieder haben wird, kann und wird der bisherige Mechanismus der Führung und Entscheidungsbildung nicht mehr funktionieren.

Die Europäische Union begrüßt diese Beitrittswünsche. Zugleich muß sie betonen, daß es nicht nur auf Wünsche und guten Willen ankommt, sondern auf die politische, wirtschaftliche und soziale Realität *in* den beitrittswilligen Staaten. Diese Beitritte nutzen allen nur, wenn die Beitrittswilligen reif sind für die Mitgliedschaft im Gemeinsamen Markt Europa. Wer im Gemeinsamen Markt wirken und bestehen will, muß dafür gerüstet sein.

So entstehen Übergangszeiten zwischen der Willenserklärung zum Beitritt und der Mitgliedschaft. Auch Griechenland, Portugal und Spanien mußten sich in Übergangszeiten „fit" machen für den Gemeinsamen Markt.

Die EU erweitert sich nicht. Sie wird erweitert durch den Willen europäischer Staaten, die beitreten können und wollen.

Das setzt die Reform der Union – „Vertiefung" genannt – voraus. Denn die Verfahren innerhalb der Union, die für ihre Wirksamkeit, ja ihre Handlungsfähigkeit zwingend sind, waren schon kaum für 6 Mitglieder angemessen. Für mehr als 20 Mitglieder ist es unerläßlich, zu anderen Verfahren überzugehen. So hängen „Vertiefung" und „Erweiterung" zusammen. Sie bedingen einander.

Aus den Vorhaben „Vertiefung" und „Erweiterung" der Gemeinschaft, deren Lösungen miteinander verzahnt sind, wird nur etwas werden, wenn Frankreich und Deutschland entschlossen und Hand in Hand den Weg weisen und – notfalls – vorangehen. Nur so gab es bisher europäische Fortschritte. Anders wird es auch künftig nicht sein.

Gewiß: Aus fünfzehn Eiern ist ein Omelette geworden, das keiner mehr in fünfzehn Eier zurückverwandeln kann. Aber: Das Omelette kann schrumpfen, verderben, sich zersetzen.

*

Die EU wird über die Beitrittsanträge erst nach Abschluß der Regierungskonferenz und der Beitrittsverhandlungen sowie nach der Ratifizierung der Beitrittsverträge entscheiden können.

Vor 1997 wird nicht mit den politischen Entscheidungen über die Beitritte mittel-, ost- und nordeuropäischer Staaten zu NATO und Europäischer Union gerechnet. Die bisherigen Mitgliedsstaaten müssen diesen Beitritten zustimmen.

Bei der deutschen Wiedervereinigung war das anders: Die DDR erklärte ihren Beitritt – das war ein Rechtsakt –, und schon war sie aufgrund vorsorglicher deutscher, völkerrechtlicher Verträge „drin und dabei".

Diese Prozesse zur Mitgliedschaft in NATO und EU hängen formal sicher nicht voneinander ab – aber es ist realistisch, mit schrittweisem Vorgehen zu rechnen und von annähernder Parallelität der Beitrittsprozesse auszugehen.

Die USA sind wenig geneigt, die baltischen Staaten in die NATO aufzunehmen. Zugleich drängen sie die EU, diese Staaten bald in die Europäische Union eintreten zu lassen.

*

Die Wählerinnen und Wähler dieser beitrittswilligen Länder müssen wissen und beherzigen, daß sie selbst ihres Glückes Schmied sind. Sie selbst befinden – mehr als wir – über das Tempo der Beitritte und des Zusammenwachsens. Auch wir Deutschen mußten erst den Ausweis demokratischer Qualität erbringen, bevor wir in den Westen auf- und von ihm angenommen wurden.

Da es gelang, den deutschen Ost-Verträgen das Offenbleiben der deutschen Frage einzufügen,* da also die Wiedervereinigung auch rechtlich möglich blieb, sind die

* Siehe hierzu das Buch des Verfassers „Im Streit und umstritten", Berlin 1986, S. 125 ff.

Deutschen aus der DDR in Bündnis und Gemeinschaft voll dabei. Ohne diesen Zusatz stünde die DDR mit den Polen und anderen in der Warteschlange vor der Türe.

Demokratie ist kein Exportartikel. Man kann sie auch nicht importieren. Man muß sie selber wollen und schaffen. Von außen kann man sie weder aufpfropfen noch gestalten. Entweder sie wächst aus dem Volk, das die Herrschaft über sich selbst in die Hand nimmt, das Demokratie will und dazu fähig ist, oder – es wird sie für dieses Volk nicht geben.

Rußland ist anders. Auch anders als Polen oder Deutschland. Eine Demokratie à la Russe paßt gut in die buntscheckige europäische Wirklichkeit. Auch wir haben uns nach dem Krieg geweigert, in Deutschland alles „à la Westminster" zu gestalten. Jeder muß die Freiheit zu seiner Form der Demokratie haben. Unabdingbar sind nur die Menschenrechte und der Rechtsstaat.

*

Stalin spaltete Europa, als er den Staaten seines Machtbereiches verbot, das Angebot des US-Marshall-Planes zum Wiederaufbau Europas anzunehmen.

Wir haben bei unserer Deutschland-Politik immer auch an Europa gedacht, es nach Westen wie nach Osten einbezogen. Die Geschichte hat den heftigen, langjährigen Streit in Deutschland über die Frage, ob unsere europäische Einordnung die deutsche Einheit befördere oder behindere, klar entschieden: Die deutsche Europa-Politik hat geholfen, die europäische wie die deutsche Spaltung zu überwinden.

Indem wir die deutsche Frage – die nach unserer Einheit – offenhielten, unseren Anspruch auf Selbstbestimmung beharrlich erhoben, hielten wir auch die Zukunft Europas offen. So ermutigten wir zugleich die Kräfte in Mittel- und Osteuropa, die sich in ihren Ländern gleichfalls mit Fremdherrschaft und Kommunismus nicht abfinden wollten.

Das ist abgeschüttelt. Europa ist dabei, seine Freiheit neu zu finden, auch sich zu organisieren. Wie soll es nun weitergehen? Welches Europa erstreben wir?

Wiedervereinigung Europas

Auch die Wiedervereinigung Europas hängt wesentlich von Deutschland und Frankreich ab. Wie sonst als mit – nicht gegen – Deutschland und Frankreich sollen die Polen, die Ungarn, die Tschechen, die Slowaken, die Balten und all die anderen in Europa zusammenfinden? Sie wollen das. Wir wollen das auch. Indem wir das zusammen mit Frankreich anstreben, bleibt – unter Gutwilligen – kein Raum für Mißdeutungen.

Und der Platz Rußlands?

Ist die NATO, ist die Europäische Union das „Europäische Haus", in dem wir alle wohnen wollen? Sollen? Können? Oder suchen wir ein anderes Gebäude? Und: Werden wir Europäer in der Welt von morgen überhaupt noch die Kraft und die Möglichkeit haben, bedeutsam zu sein für die Welt?

Es stimmt nachdenklich, erfahren zu müssen: Rund 60 Prozent des Bruttosozialproduktes der Welt werden zur Zeit in Ostasien erarbeitet. Dort werden in ca. 20 Jahren etwa zwei Milliarden Menschen leben.

Die Regierungschefs aus Europa trafen sich mit asiatischen Kollegen am 1. Mai 1996 in Bangkok. Die Europäer reisten zu den Asiaten! Eurozentrismus, ade!

Wenn einer wagen würde zu behaupten, zwischen den USA und Europa stehe alles zum besten – so löge er sich in die eigene Tasche. Zu viele in Europa achten nicht hoch genug, daß die USA weiterhin in Europa stehen; was die USA für den europäischen Frieden, die europäische Wohlfahrt und – die Wiedervereinigung Deutschlands (und damit für die Chance zur Wiedervereinigung Europas) leisteten und leisten!

Das muß man nicht an jedem Tag neu sagen. Aber man muß es wissen und jenseits des Atlantiks spüren lassen, daß man das weiß und hoch achtet. Das ist wichtig – zumal in der Welt, die sich abzuzeichnen beginnt, wir einander sehr brauchen werden.

Wenn das – demokratische – Rußland wirklich ins „Europäische Haus“ will, muß es, ich wiederhole, anerkennen, daß in diesem bestehenden (!) Haus gilt: Zusammenarbeit statt Hegemonie und Gleichberechtigung statt Rivalität.

So ist Rußland willkommen! Als Nachbar, als Partner; – später: als Freund? Rußland selbst entscheidet – nicht wir – was davon werden, was sein wird.

Und wir dürfen nicht die begründete Furcht vor der Sowjetunion als Mißtrauen gegenüber Rußland weiter in uns und mit uns tragen. „Partnerschaft für den Frieden“ – das kann, das soll mehr als ein Wort sein. Es liegt an uns allen, dem Wort Gehalt und Gestaltungskraft zu geben.

*

Wir haben leidvoll erfahren, daß „Größe“ sich nicht in Militärmacht ausdrückt, auch nicht in Quadratkilometern und Industrieproduktion; daß Sicherheit im Alltag auch von sozialer Gerechtigkeit und realer Freiheit abhängt; daß der Rang der Nationen zunehmend mehr durch sozialen Konsens, durch geistige Lebendigkeit, durch wirtschaftliche Dynamik, durch wissenschaftliche Spontaneität bestimmt wird als durch materiell-rechnerische, statistische Stärke.

Uns steht es nicht zu, Deutschland die „treibende Rolle“ für die „Homogenisierung des größer (?) und zentraler (?) werdenden Europa" anzumaßen. So war es in den Papieren der Berlin-Befürworter zu lesen.

Wir sind Mitglied in der Europäischen Union wie andere auch. Ohne Sonderrolle. Wir erstreben zusammen mit anderen die europäische Einheit mit offener Tür für alle Demokraten in Europa.

Unsere geographische und unsere demographische Größe begründen keinen neuen Anspruch, nur vermehrte Pflichten für Europa; und, wenn Europa will, zusammen mit anderen, auch für die Welt.

Gewehre müssen sein und Soldaten. Aber sie sind nicht alles. Der Rang der Nation wird mehr und mehr bestimmt durch sozialen Konsens, wirtschaftliche Dynamik, wissenschaftlichen Fortschritt und gute Nachbarschaft.

Unsere Weltgeltung und globale Verantwortung brauchen keine Ornamente. Uns wächst mehr Geltung und Gestaltungskraft zu, wenn wir der Welt dienen durch Werke des Friedens. Da liegen die Gefechtsfelder, auf denen Ehre und Siege winken: Hunger, Armut, Not, Unwissenheit; Manipulation des Menschen durch Wissenschaftsfortschritte; Umweltprobleme, Krankheiten, Überbevölkerung. Wer sich da für die Menschheit engagiert, gewinnt Ansehen, Gewicht, Einfluß.

Unsere größere Zahl an Menschen und unser Gebietszuwachs sind kein Grund, das Selbstverständnis unseres Staates und seine Außenpolitik zu ändern.

Unser Ausweis für die Zukunft muß unsere Demokratie sein. Denn es gilt: „Nicht die Atombombe ist die Gefahr, sondern diese Waffe in der Hand der Diktatur". So mahnte unentwegt Franz Böhm.

*

Eine neue Gefahr pocht an die Tür: die neue Völkerwanderung aus Not und Zwang. Für viele, zu viele in der Welt ist Deutschland ein Paradies, eine Insel der Seligen und Satten. Sie tun alles, um Zugang zu dieser Insel zu gewinnen. Wer könnte das nicht verstehen?

Aber wer erkennt nicht ebenso: Deutschland kann weder all diese Probleme lösen noch alle entwurzelten, verelendeten, vertriebenen Menschen beherbergen. Wir haben mehr Menschen aufgenommen, die dieses Elend von zu Hause trieb, als alle anderen Staaten Europas zusammen. Wir nützen niemandem, wenn wir uns überfordern. Wir werden nicht umhin kommen, uns notfalls der Zuwanderung nach Deutschland zu erwehren.

Es wird Zeit, zu diesen Fragen offen und ehrlich zu sprechen und mit dem Spruch des Römischen Rechts zu erklären: „Ultra posse nemo obligetur" (Niemand ist verpflichtet, mehr zu tun, als in seinen Kräften steht). Wir sind an der Grenze unserer Möglichkeiten angelangt und nicht bereit, uns durch Selbstmord unserer Demokratie aus dem Kreis der Helfenden abzumelden.

Wir seien ein „Ausländer-freundliches Land", so klingt es aus Bonn. Das ist richtig. Nur: Wie soll es so bleiben, wenn Ausländer in Deutschland gefahrlos ihre Kämpfe austragen? Zum Schaden Deutschlands – mit Deutschen als Opfern? Wenn hier Gewalt angewandt wird – gegen uns –, um „draußen" etwas zu erreichen und unsere Außenpolitik zu erpressen?

Man nennt das „Demonstrationen", was unsere auswärtigen Beziehungen stört und unsere innere Ordnung beschädigt. Doch was da geschieht, bezeichnet das Strafgesetzbuch korrekt als Körperverletzung, Nötigung, Brandstiftung, Raub.

*

Europa endet nicht an Deutschlands Ostgrenze. Jenseits dieser Grenze leben Europäer wie wir. Sie gehören dazu. Es liegt viel an den Deutschen, ob und wie sich die Europäische Union für diese Völker und Staaten öffnet, wie sie sie an die Europäische Union heranführt, damit sie dort ihren Platz finden.

Der Deutsche Bundestag hat sich in seiner Entschließung am 2. Dezember 1992 dieser Pflicht gestellt und beschlossen: „Auch die Reformstaaten in Mittel- und Osteuropa brauchen eine europäische Perspektive. Die Europäische Gemeinschaft muß diese Länder beim Aufbau und bei der Entwicklung demokratischer und marktwirtschaftlicher Strukturen unterstützen. Hierbei kommt der Öffnung der Märkte besondere Bedeutung zu. Darüber hinaus müssen die Staaten, mit denen die Europäische Gemeinschaft Europa-Abkommen abgeschlossen hat, bereits jetzt enger an die Zusammenarbeit in der Europäischen Union herangeführt werden."

Dieses Öffnen und Heranführen ist nicht nur wichtig, weil diese Länder, ohne die es die „Wende" zur Freiheit in Europa nicht gegeben hätte, Zeit brauchen – wie früher Griechenland, Spanien und Portugal –, um die Realitäten zu schaffen, welche die Mitgliedschaft in der Europäischen Union erfordert.

Sie brauchen diese positive Perspektive ihrerseits, weil ihr Wunsch, rasch in das Sicherheitsbündnis der NATO aufgenommen zu werden, nicht von heute auf morgen erfüllt werden kann – zumal es, ich wiederhole, Sache der USA ist, über das Ausmaß ihrer atomaren Sicherheitsgarantien nach Osten zu entscheiden.

Wir haben diesen europäischen Ländern mehr zu geben als Geld und Waren und Erfahrung – wie umgekehrt sie auch uns. Der kulturelle Austausch, der beide Seiten bereichern könnte und sollte, zeigt, daß keiner nur Gebender, keiner nur Nehmender ist; daß alle – in Vielfalt – ihren Reichtum zur europäischen Teilhabe zu öffnen sich anschicken.

Im Interesse Deutschlands, Europas und des Weltfriedens bleibt die starke Stellung Deutschlands im nordatlantischen Bündnis unverändert. Sie beruht auf der Freundschaft mit Frankreich und dem festen Bündnis mit den USA. Das muß so bleiben. In Deutschland stehen 100 000 Soldaten der USA. Auch das sollte so bleiben.

Die NATO, erfolgreiches Glanzstück der Demokratie und des Westens, büßt Ansehen ein, seit sie sich – wohl zu schnell und zu billig – darauf einließ, auf dem Balkan als militärischer Arm der Vereinten Nationen zu wirken. Dieser Verlust an Ansehen geht uns an! Unsere Sicherheit hängt nach wie vor davon ab, daß alle Welt an die politische und militärische Kraft der NATO glaubt. Nur so wirkt Abschreckung friedenserhaltend. Sie bleibt notwendig.

Es war ein Fehler, ich wiederhole das bewußt, die militärische Kraft der NATO ins Spiel zu bringen als Gehilfen der Vereinten Nationen für deren flatterhafte Politik. Die NATO, will sie sich nicht selbst herabsetzen und zerstören, darf sich auf solche Launen und Ungewißheiten nicht einlassen! Sie kann und soll helfen – wenn und soweit sie bei den Entscheidungen der UNO verantwortlich mitspricht und auch mitentscheidet.

*

Man kann unsere Sicherheitslage nicht besser beschreiben als mit den Worten unseres über Jahre höchsten deutschen Soldaten Ulrich de Maizière:

Wir sind von einem Grenzland zu einem Land in europäischer Mittellage geworden. Es besteht zur Zeit keine kurzfristig wirksame existentielle Bedrohung durch feindliche Landstreitkräfte. Dies ist ein ungeheurer Erfolg der Politik aller deutschen Regierungen und des Nordatlantischen Bündnisses, ohne daß dabei ein Schuß gefallen wäre. Die Strategie der Abschreckung hat sich bewährt.

Aber damit ist der Krieg noch nicht verschwunden. Nach dem Ende des sogenannten Kalten Krieges sind plötzlich konventionelle Kriege wieder möglich geworden ohne das Risiko, sofort in einen atomaren Krieg umzuschlagen. Wir erleben das zum Beispiel im Kaukasus und vor allem auf dem Balkan. Es gibt neue Risiken, meist ausgelöst aus ideologischen, religiösen oder ethnischen Gründen. Sie sind weniger berechenbar und vorhersehbar. Sie sind irrational und voller Überraschungen. Ich rechne dazu die Krisen in dem großen Bogen unruhiger islamischer Staaten zwischen Marokko und Pakistan, andere erleben wir unmittelbar vor unserer Haustür im ehemaligen Jugoslawien. Nicht zuletzt ist die Entwicklung in Rußland und den Nachfolgestaaten der ehemaligen Sowjetunion beunruhigend. Das „Feindbild" des Kalten Krieges mag uns abhanden gekommen sein, aber unser heutiger Feind ist die „Instabilität". Unser sicherheitspolitisches Ziel sind daher die politische und militärische Stabilität, die Erhaltung des Friedens und die Wiederherstellung eines gebrochenen Friedens in Europa. Unsere Aufgabe ist die Vertei-

*digung unserer Wertordnung von Freiheit, Menschenwürde und Menschenrechten.**

*

Es muß erlaubt sein zu fragen, welche Art von Demokraten aus den beitrittswilligen Ländern das sein werden, die da neu in das Parlament, in den Ministerrat und in die Kommission eintreten.

Es ist nicht zu übersehen, daß in einigen dieser Staaten Männer und Frauen wieder politische Verantwortung übernehmen, die schon zur Zeit des Kommunismus Verantwortung hatten. Gleichwohl wird angemerkt: Die politische Führung liegt überall in Mittel- und Osteuropa „in der Hand von Regierungen, die aus demokratischen Wahlen hervorgegangen sind“ (Kinkel).

In allen diesen Ländern lasten Arbeitslosigkeit, soziale Spannungen und oftmals ein niedrigerer Lebensstandard auf der Bevölkerung als vor der „Wende“ (ca. 25 Prozent). Gleichwohl stagnieren die post-kommunistischen Parteien. Hier merken viele in der Welt auf: Der Lebensstandard der Menschen in der früheren DDR entwickelt sich kontinuierlich nach oben und die post-kommunistische Partei, die PDS, behauptet sich erstaunlich gut!

Hierauf wird künftig besondere Aufmerksamkeit zu legen sein. Wie auch darauf: Es gelang Deutschland nach dem Zweiten Weltkrieg, annehmbare Verhältnisse zu allen Nachbarn, auch zu Israel, herzustellen. Das gilt bisher nicht für die Tschechische Republik!** Das Verhält-

* In: „Die Politische Meinung“, 325, Dezember 1996, S. 53.

** *Zusatz des Verlages:* Inzwischen sind wichtige Schritte vollzogen worden.

nis ist auf beiden Seiten angespannt und ungeklärt. So in ein gemeinsames Europa gehen? Es bedarf aller Anstrengungen, das positiv zu ordnen. Das gute Verhältnis zu den Nachbarstaaten ist die Voraussetzung für deren Beitritt zur NATO.

Die NATO trägt der Lage nach dem Ende der Sowjetunion Rechnung durch einen „Kooperationsrat" und durch die „Partnerschaft für den Frieden" – ein Abkommen, das schon 26 Staaten unterzeichnet haben. Einzelne Staaten, so Deutschland, haben bilaterale Abkommen über militärische Zusammenarbeit abgeschlossen. Rußland möchte die NATO von einem Verteidigungsbündnis in ein System kollektiver Sicherheit umwandeln. Die Option einer Mitgliedschaft Rußlands in dieser NATO ist offen.

Politisch und historisch ist Rußland ein wichtiger Partner Deutschlands.

In Rußland gab es noch nie eine Demokratie oder einen freiheitlichen Rechtsstaat. Und soziale Marktwirtschaft hat nur Erfolg, soweit der Rechtsstaat funktioniert.

Die orthodoxe Kirche wie das Slawentum empfinden Inhalt und Erscheinung der westlichen Demokratien oft als weitgehend fremd. Manche in Rußland trauern der Weltmacht Sowjetunion nach. Viele Russen glauben an die besondere Mission Rußlands in der Weltgeschichte, fürchten zugleich Einkreisung und Isolation.

Man denkt in der NATO wie in Moskau nach über eine „privilegierte Partnerschaft mit Rußland"; über behutsame Stationierung von Soldaten und Waffen in der Nähe zur russischen Grenze. Der russische Außenminister Primakow sagte am 21. März 1996 zu seinem Kollegen aus den USA, Christopher: Man könne „über alles reden, sofern sich die militärischen Strukturen der NATO nicht bis an die Grenzen Rußlands ausdehnen". („Neue Zürcher Zeitung", 23. März 1996)

*

Mit dem Herzen, dem Verstand und beiden Füßen fest im Westen stehend, hat Deutschland Chance und Pflicht, diesem östlichen Nachbarn auf seinem steinigen Weg in eine friedliche und demokratische Zukunft zu helfen. Das gilt, obwohl allerorts der Zweifel an der Möglichkeit einer europäischen Partnerschaft mit Rußland wächst.

Was wird aus Rußland? Heute, morgen, übermorgen?

Die einzige Gewißheit ist die Ungewißheit.

Schluss

In meinem politischen Leben konnte ich mich umsehen in vielen Teilen der Welt. Immer war ich auf der neugierigen Suche, Besserem zu begegnen, als ich es kannte. Wie der Odysseus des Homer kam ich mir oft vor, sah „vieler Länder Städte“ und trachtete, ihren „Sinn“ zu erfassen.

Ich fand heraus: Es gibt nichts Besseres, nichts Moderneres, nichts Sozialeres und nichts Erfolgreicheres als parlamentarische Demokratie plus Soziale Marktwirtschaft und Soziale Partnerschaft plus bundesstaatliche Ordnung – bei nachbarlicher Einordnung.

Deshalb halte ich daran fest – an dem, was sich bewährt hat. Ich rate dringend, die Grundsätze dieser Ordnung nicht so hochzuhalten, daß man immer noch „unten durch“ kann, sondern sie peinlich einzuhalten.

Wer etwas Besseres kennt, soll es sagen, belegen und begründen. Dann können wir streiten. Mit Leuten, die nur – mit sich selbst uneins und übellaunig – miesmachen und besserwisserisch räsonieren, kann man nicht streiten. Das lohnt auch nicht.

Also: Ich bitte um Widerspruch.

Nicht zu vergessen: Ich bin für *diese* Republik, die Bundesrepublik Deutschland – mit dem Gehalt, den sie in Bonn gewann. Für eine andere Republik bin ich nicht zu haben.

Auf denn: Nach Berlin! Aber, bitte schön, mit dem Gehalt aus Bonn.

Grainau, 12. Januar 1997